Angelika Ramer

So geht Korrespondenz
Das Beste für Ihre E-Mails und Briefe

Angelika Ramer

SO GEHT KORRESPONDENZ

Das Beste für Ihre E-Mails und Briefe

Haben Sie Fragen, Anregungen oder Rückmeldungen?
Wir nehmen diese sehr gerne per E-Mail an feedback@verlagskv.ch entgegen.

1. Auflage 2016

Angelika Ramer: So geht Korrespondenz.
Das Beste für Ihre E-Mails und Briefe

ISBN 978-3-286-51195-8
Das Werk erscheint als E-Book unter der
ISBN 978-3-286-11728-0 (ePub) oder
ISBN 978-3-286-11729-7 (Mobipocket)

© Verlag SKV AG
  www.verlagskv.ch

Alle Rechte vorbehalten.
Ohne Genehmigung ist es nicht gestattet, das Buch oder Teile daraus in irgendeiner Form zu reproduzieren.

Lektorat: Kirsten Rotert
Umschlagbild: Shutterstock.com

SO GEHT KORRESPONDENZ

Der Titel, liebe Leserin, lieber Leser, ist natürlich gewagt, denn der Dialog in E-Mails und Briefen folgt keinem starren Regelwerk – er ist ein Spiel zwischen Menschlichkeit und Professionalität. Ganz zu Beginn meiner Arbeit in Unternehmen und Organisationen achtete ich auf «richtig» oder «falsch». Das war auch die Denkweise vieler meiner Kundinnen und Kunden. Es geht um mehr, viel mehr! Es geht um die gute Verbindung zwischen Menschen. Korrespondieren ohne Kontakt ist mühselig.

Im Seminar und in der Beratung erlebe ich viele berührende und bewegende Momente. Menschen und ihre Stimmungen verändern sich, wenn sie an ihren Texten arbeiten und einfach einmal darauf achten, wie sie in Worten und Zeilen zu ihrer Gesprächspartnerin sprechen. Wir sind heute mit Informationsflut und oft mit zu wenig Qualität konfrontiert. Deshalb zählt das gewisse Etwas zwischen Anrede und Gruss. Menschen lesen auch zwischen den Zeilen – das ist der Zauber der Korrespondenz.

Korrespondenz ist auch erfolgreich, wenn sie ein wenig ungenau ist. Das zeigt sich wunderbar bei männlich und weiblich. Entspannt den Damen und den Herren gleichermassen gerecht zu werden, ist ganz schön knifflig. Ich wage die Ungenauigkeit und wechsle ab, indem ich über den «Chef», meine «Kundin» oder vom «Leser» spreche.

Ich liebe die Korrespondenz und danke allen Menschen, die mit mir zusammen auf die Reise, auf die Suche nach dem Zauber gehen. Grosse und kleine Unternehmen oder Organisationen schenken mir ihr Vertrauen und tauchen ein in ihre Werte und Visionen. Das Ziel ist eine Korrespondenz, die sehr viel Gutes kann.

Angelika Ramer, Herbst 2015

INHALTSVERZEICHNIS

Mehr Wert und Zeit,
weniger Gewohnheit und Effizienz   8

Das Beste für Ihre E-Mails und Briefe   11

1. Mensch vor Standard   13
2. Authentisch vor Worthülse   33
3. Selbstbewusstsein vor Ängstlichkeit   51
4. Spannung vor Langeweile   67

Wertvolle E-Mails und Briefe   77

Das etwas andere Glossar   87

Stichwortverzeichnis   94

Mehr Wert und Zeit, weniger Gewohnheit und Effizienz

«Das gibt aber ganz schön viel Arbeit», sagen meine Kundinnen und Kunden oft nach einer Beratung für ihre Korrespondenzkultur. Stimmt! Wertvolle E-Mails und Briefe brauchen ein wenig Zeit, damit sie passen, eben wertvoll und erfolgreich sind. Die Effizienz darf nicht immer siegen, ebenso wenig die Gewohnheit, die sich in immer gleichen Sätzen und Wendungen zeigt.

Die folgenden Aussagen höre ich häufig in meinem Beratungsalltag. Die kurzen Hinweise dazu helfen, die persönliche Haltung zur Korrespondenz zu betrachten und zu überdenken.

Häufige Aussagen	Neue Ansichten
Korrespondenz muss trendy und um jeden Preis modern sein!	Das schriftliche Gespräch braucht kein Marketing, es braucht verständliche Botschaften und angemessene Dialoge. Jedes Unternehmen ist anders. Auch Schreibende und Leser sind verschieden.
Auf die Floskeln folgt der kurze Stil ohne Schnörkel!	Menschen brauchen beides: angenehm und leicht lesbare Information sowie ein wenig Smalltalk im richtigen Moment.
Neue Muster ersetzen die alte Korrespondenz!	Und was machen wir, nachdem die neuen Muster unendliche Male heruntergeladen und verschickt wurden? Grosse Unternehmen brauchen Textbausteine, die zu ihnen passen und ihre Identität im besten Licht zeigen. Wenn die Sprache stimmt, dann sind auch Kundinnen und Kunden zufrieden.
Besonders ältere Kunden erwarten Floskeln!	Gute Korrespondenz ist flexibel, und aufmerksame Autorinnen passen sich dem Stil des Schreibpartners etwas an. Auch ältere Menschen lesen gerne gute Texte. Niemand braucht erschöpften Standard.

Häufige Aussagen	Neue Ansichten
Wir sind auch mit durchschnittlichen E-Mails und Briefen erfolgreich.	Die Entwicklung der Korrespondenz ist ein luxuriöses Anliegen, weil tatsächlich viele Unternehmen trotz schlechter Kommunikation gut im Markt aufgestellt sind. Mit dem Einbezug dessen, was ein Unternehmen ausmacht und wofür es steht, wird Kommunikation stimmig und einzigartig. Da uns heute die Informationsflut mit ihren Oberflächlichkeiten quält, sind Qualität und Identität ein wichtiges Anliegen geworden. Eine passende Sprache bringt Menschen immer wieder zusammen.
Stil ist Geschmackssache.	Und doch gibt es ein paar Grundregeln, die man kennen sollte. Sie sind das Basisrezept für gute Texte, z. B. ♦ Mensch vor Inhalt ♦ Verben vor Nomen ♦ Präsens vor Perfekt ♦ positiv vor negativ ♦ Lösung vor Problem ♦ einfach vor kompliziert

Ein paar Beispiele:

Besser nicht	Besser so
Um das Angebot Ihren Vorgaben anpassen zu können, bitten wir Sie um ein Telefongespräch.	Wir möchten das Angebot Ihren Vorgaben anpassen und brauchen dazu noch einige Informationen. Wann kann ich Sie telefonisch erreichen?
Um die Abrechnung vornehmen zu können, bitten wir Sie, uns die Daten mitzuteilen.	Bitte teilen Sie uns die Daten mit, damit wir die Abrechnung vornehmen können – vielen Dank.

MEHR WERT UND ZEIT, WENIGER GEWOHNHEIT UND EFFIZIENZ

Besser nicht	Besser so
Wir bitten Sie, die Planung möglichst schnell vorzunehmen.	Bitte nehmen Sie die Planung möglichst schnell vor, danke.
Wir freuen uns, Ihnen mitteilen zu können, dass wir die Tagung durchführen werden.	Diese Nachricht freut uns sehr: Wir führen die Tagung durch.
Wir teilen Ihnen mit, dass das Gespräch stattfinden wird.	Das Gespräch findet in Zürich statt.
Wir machen Sie darauf aufmerksam, dass die Korrektur bis … ausgeführt sein muss.	Die korrigierte Fassung erwarten wir bis …
Es ist damit zu rechnen, dass wir zu spät sind.	Wir rechnen mit einer Verspätung.
Es wird veranlasst, dass Sie einen Parkplatz zur Verfügung haben.	Wir reservieren einen Parkplatz für Sie.
Es würde uns freuen, Sie bei uns begrüssen zu dürfen.	Gerne sind wir Ihre Gastgeber. Wir freuen uns auf Sie.
	Dürfen wir Sie schon bald bei uns begrüssen?
Die Agenda wird durch Herrn … aktualisiert.	Herr … aktualisiert die Agenda.
Durch die Teamleiter erfahren Sie alle Details.	Die Details erfahren Sie von unseren Teamleitern.
	Die Teamleiter informieren über die Details.
Die Verpflegung wird durch die Firma … gesponsert.	Die Firma … sponsert die Verpflegung.

Korrespondenz braucht Vielfalt, Farbe, Mensch und Leben.
Neue Ansichten ergänzen die hier vorgestellten häufigen Aussagen.
Sie laden zum Nachdenken ein. Und wozu der ganze Aufwand?
Weil es sich lohnt, persönlich, frisch und wertvoll zu korrespondieren.
Auch das ist effizient.

DAS BESTE FÜR IHRE E-MAILS UND BRIEFE

Dieses Kapitel beantwortet die wichtigsten Fragen zur Korrespondenz.
Die «Besser-nicht»- und «Besser-so»-Kästchen fassen zusammen und stellen Tipps vor.

MENSCH VOR STANDARD

Vielfalt ist besser als Eintönigkeit

Wie wichtig ist wertvolles Schreiben?
Unternehmenswerte sind die Basis der Korrespondenz. 15

Den Bauch mitschreiben lassen
Das Gefühl ist genauso kompetent wie der Verstand. 18

Ich oder wir oder beides?
Die Balance zwischen Menschlichkeit und Professionalität. 21

Anrede und Gruss
Die Kunst, mit der richtigen Geschichte ein- und auszusteigen. 22

«Sehr geehrte Frau Doktor»
Warum akademische Titel wichtig sind. 24

Ist die Hierarchie links oder rechts?
Unterschriftenregelungen überdenken und anpassen. 26

Zusammen oder getrennt, gross oder klein, Komma oder nicht?
Warum sich fehlerfreie Korrespondenz lohnt. 28

Erst das Textziel klären, dann schreiben
Die Wahl zwischen Dialog, Briefing und Mikro-Wording. 30

Wie wichtig ist wertvolles Schreiben?

Unternehmenswerte sind die Basis der Korrespondenz.

Fast jedes Unternehmen besitzt ein Leitbild, das Aussagen macht über Identität, Produkte und Kommunikationsstil. Das Leitbild ist die Basis für eine Korrespondenzkultur fernab des Download-Standards. Werte lassen sich jedoch nicht auf dem Wühltisch der Adjektive finden. Auch wenn «sympathisch» ein schönes Wort ist, passt es nicht zu jedem Unternehmen. Die Polizei ist möglicherweise nicht sympathisch, sie handelt «korrekt» oder «wirkungsvoll».

Wenn Werte nicht stimmen, bewirken sie auch nichts Gutes. Gut gewählte Charakterbeschreibungen unterstützen den Auftrag eines Unternehmens und pflegen dessen Stil. Sprachleitbilder zeigen mit Beispielen, wie Werte, Begriffe und Wendungen zusammengeführt werden können. Wirkt dieses Bild authentisch und verständlich, ergibt sich ein neues Gefühl für die Korrespondenz; Fragen nach richtig oder falsch, modern oder veraltet werden bedeutungslos. Führungskräfte und Mitarbeitende haben ein grösseres Interesse an der eigenen Sprache als an Listen mit neuen Sätzen, die vielleicht neu, aber nicht die eigenen sind.

Besser nicht

- Unreflektiert neue Sätze in E-Mails oder Briefen einbauen.
- Im Leitbild etwas sagen/versprechen und in der Korrespondenz anders handeln.
- Auf dem «Wühltisch» Eigenschaften zusammensuchen und diese dem Unternehmen verordnen.
- Täglich neue Trends ins Haus lassen.
- Am besten keine Regeln: Alle schreiben so, wie sie gerade möchten.

Besser so

Werte oder Eigenschaften sorgfältig aussuchen und testen: Sind sie wirkungsvoll in jeder Situation, auch wenn es unangenehm wird?

Wertvolle Sätze

Wert «Persönlich»

Heisst: mehr Nähe, weniger Distanz; mehr Mensch, weniger Unternehmen; mehr Verbindlichkeit, weniger Oberfläche.

- Singular im Text
  (kein Sehr geehrte Damen und Herren, kein unsere Kundschaft)
- Ich-Form
  (Ich nehme mir Zeit für Sie. Morgen Nachmittag habe ich Zeit für Sie.)
- Wortwahl des Kunden aufnehmen
  (Sie erwähnen in Ihrem Brief die «unzuverlässige Arbeitsweise» bei … Dieser Hinweis hat uns überrascht und beschäftigt.)
- Jeder Wert kann auch anders: Werte besitzen einen **Gegenpol**.
  Zu persönlich kann heissen, zu emotional, zu nahe, zu viel «ich», wenn «wir» besser wäre.

Wert «Klar»

Heisst: verständliche Sprache, deutliche Aussagen, Transparenz.

- Das Leitbild ist verbindlich und gilt für alle Abteilungen.
  (nicht: Es wird um entsprechende Umsetzung des Leitbildes gebeten.)
- Für die Installation folgen Sie den Anweisungen. 1. 2. 3.
  (nicht: Wir bitten Sie, als Erstes … zu installieren,
  dann … Überdies ist es wichtig, dass Sie … vornehmen und …
  bestätigen. Wir möchten Sie bitten, die … einzuhalten.)
- Kurze Sätze, Aufzählungen.
- **Gegenpol**: Aus klar wird kalt: Wir können Sie nicht weiter berücksichtigen und senden Ihnen Ihre Bewerbung zurück.
  (Besser: Beim weiteren Auswahlverfahren ist Ihre Bewerbung nicht mehr dabei.)

Wert «Positiv»

Heisst: für die Lösung und nicht für das Problem schreiben. Probleme benennen, danach vorausschauen. Positive oder neutrale Schlusssätze, kräftigende Begriffe.

- Wir möchten Sie mit diesem Vorgehen gewinnen für …
  (nicht: Wir möchten Sie nicht enttäuschen.)

- Mit dieser Lösung beabsichtigen wir …
  (nicht: Wir sind überzeugt, Ihnen die beste Lösung
  unterbreiten zu können.)

- Wir können Ihnen für … keine Zusage geben.
  Aber wir wünschen Ihnen viel Erfolg und Glück für alles,
  was Sie erreichen möchten.
  (nicht: Wir bedauern, Ihnen keinen besseren Bescheid geben
  zu können.)

- Wir empfehlen Ihnen, mit … Kontakt aufzunehmen./
  Kennen Sie die Beratungsstelle …? Sie kann Ihnen weiterhelfen.
  Alles Gute.
  (nicht: Wir bedauern, dass wir Ihnen für … nicht weiterhelfen können.)

- **Gegenpol**: Positiv wird mit Superlativen (Wir sind die besten. Wir bieten Ihnen alles.) und/oder mit nichtssagenden flachen, gesuchten Adjektiven (Wir sind innovativ/kreativ/kundenorientiert/verlässlich/…) getoppt. Positiv wird mit lustig und ironisch verwechselt. Oft wertvoller ist eine unaufgeregte Sprache.
  Im Bereich … sind wir führend. Bei uns erhalten Sie …
  und … (Beispiel vor Adjektiv)

Den Bauch mitschreiben lassen

Das Gefühl ist genauso kompetent wie der Verstand.

Oft bemerken meine Kunden: «Weisst du, eigentlich wollte ich den Text ganz anders schreiben. Aber ich dachte, das darf man nicht. Deshalb nahm ich die Vorlage.» Diese Bemerkung macht mich zuweilen fuchsteufelswild, weil das «eigentlich» einem gesunden Bauchgefühl entspricht.

Es gibt kein Bundesamt für Korrespondenzwesen, kein Notrecht und keine Korrespondenzpolizei. Wenn Korrespondenten beim Schreiben ihr Bauchgefühl fragen, erhalten sie eine brauchbare Antwort. Beim Texten meldet sich das Bauchgefühl unterschiedlich. Das Bauchgefühl gibt Auskunft über Tonalität, Klang, Rhythmus, Verständlichkeit.

Wie fühlen sich diese Sätze an?	Kommentar des Bauches
Sie haben noch nicht bezahlt.	Unangenehme Nachrichten nicht mit Sie haben beginnen.
Haben Sie Fragen? Rufen Sie an.	Mickey-Mouse-Sätze wie dieser schreien, was oft unpassend ist.
Es musste festgestellt werden, dass Mitarbeitende ihre Autos auf den falschen Plätzen parkieren.	Wer hat hier beobachtet? Es musste festgestellt werden, …
Wir danken für Ihr Verständnis.	Für etwas danken, was nicht vorhanden ist?!
Die Anmeldung ist bis … zu retournieren.	Sind wir auf dem Appellplatz oder im Vollzug? … ist zu …
Wir haben Ihr Schreiben erhalten. Danke.	Na sowas und gerne geschehen! Wir haben … erhalten.
Wir bitten Sie um entsprechende Kenntnisnahme.	Fast alles, was man mir sagt, nehme ich zur Kenntnis. Will mir das der Brief sagen?

Besser nicht	Besser so
Ohne Bauchgefühl korrespondieren. Im Dialog begegnen sich Beziehung und Nachricht – beides ist wichtig.	Fragen Sie sich, ob Sie diesen Brief/ dieses E-Mail auch so erhalten möchten (Leserempfinden aufnehmen).
Das Bauchgefühl ständig der Alltagseffizienz opfern.	Zweifeln Sie den Standard an. Nur weil etwas oft verwendet wird, ist es nicht immer richtig. Standard übergeht Feinheiten, verpasst Chancen und gibt dem Unternehmen oder einzelnen Autoren eine unsympathische Note. Nur schon der Anblick eines Firmenlogos kann Gemüter erhitzen, oft nicht grundlos.
Das Bauchgefühl gehört ins Privatleben, aber nicht ins Büro.	Hier unterstützen die drei Schreibstrategien Dialog, Briefing und Mikro-Wording (siehe folgende Aufstellung).

Vom Bauchgefühl zur richtigen Strategie

Wenn Sie den Eindruck haben, jemand ist erbost, braucht Vertrauen, ein paar Takte Smalltalk oder einfach eine freundliche Ansprache, dann formulieren Sie mit dem inneren Wegweiser «Dialog».

Meldet Ihr Bauchgefühl reine Nachrichtenübermittlung, weil sich Sender und Empfänger kennen oder es einfach um eine Botschaft geht, dann hilft Ihnen die Idee «Briefing».

Sagt Ihr Gefühl, dass eine Notiz reicht, so wählen Sie den kürzesten Weg.

Dialog

Beispiele

- Ihre Hinweise nehmen wir auf und besprechen sie mit dem Teamleiter in Basel. Sie hören wieder von uns.
- Wenn Sie noch etwas brauchen, sagen Sie es bitte.
- Wir wissen, die Mitarbeiterparkplätze sind nicht besonders attraktiv. Dennoch bitten wir Sie, unseren Kunden den Vorrang zu lassen. Merci!
- Gerne beantworten wir Ihren Brief vom …
- Bitte wenden Sie sich an Frau/Herrn … Beide sind vertraut mit der Situation und können Ihnen helfen.

- Dialogtexte sind ruhig
- oft ganze Sätze

Briefing

Beispiele

- Angebot: Ihr Anruf vom 4. März 20..
- Guten Tag Frau Muster
- Zurzeit prüft das HR die Details des Angebotes. Ich komme mit einer Rückmeldung wenn möglich noch heute auf Sie zu.
- Sie erreichen uns unter 043 …
- Frau … ist verantwortlich für … und Ihre Kontaktperson.
- Auch wenn es kurz und Englisch ist, mögen viele «f.y.i.» nicht.

- schnell auf den Punkt kommen
- kurze Sätze

Mikro-Wording

Beispiele

- Im Dokument ist alles enthalten, was Sie brauchen.
  Hier das Dokument.
- Freundliche Grüsse
- Wir sehen uns in Zürich für die Besprechung.
- Danke und bis wieder.

- halbe Sätze, Satzfragmente
- Hauptsache Tempo

Ich oder wir oder beides?

Die Balance zwischen Menschlichkeit und Professionalität.

Früher war die Ich-Form verboten in der Korrespondenz. Briefe und auch viele E-Mails folgten einem kühlen Frage-Antwort-Mechanismus, der für die reine Information in Ordnung war, menschlich allerdings zu wenig bieten konnte.

Auch wenn Korrespondenz vitaler und persönlicher geworden ist, sind Bedenken und Vorbehalte gegenüber dem «Ich» geblieben.

Sorgfalt ist angezeigt. Eine kleine Überlegung hilft.
- Wir = Sachebene, Unternehmen.
- Ich = Beziehung, Mensch.

Beides zu verbinden geht nur bei Einzelunterschrift. Die Mischung wirkt sympathisch und erzeugt Nähe, ähnlich wie Anreden im Singular.

Besser nicht	Besser so
«Wir» schreiben, wenn klar ist, dass eine Einzelperson etwas sagt.	«Ich» und «Wir» in E-Mail und Brief einsetzen.
«Ich» unsorgfältig und mit zu viel Selbstkundgabe oder Persönlichem verwenden (Distanzlosigkeit).	Ich bedaure, was Ihnen passiert ist.
	Ich wünsche Ihnen ein schönes Wochenende.
«Ich» auf der Sachebene. «Wir» auf der Beziehungsebene.	«Wir» auf der Sachebene. «Ich» auf der Beziehungsebene.
Ich leite die Betreibung gegen Sie ein.	Wir leiten die Betreibung ein.
Wir sind gerne für Sie da, wenn Sie eine Frage haben.	Bei Fragen rufen Sie mich bitte an.
	Wir arbeiten den Vertrag bis Ende Woche aus. Ich melde mich wieder bei Ihnen.
	Ich empfehle Ihnen, … zu kontaktieren.
	Dürfen wir noch etwas für Sie tun? Jeweils am Donnerstag und Freitag bin ich erreichbar.

Anrede und Gruss

Die Kunst, mit der richtigen Geschichte ein- und auszusteigen.

Die Kunst besteht darin, möglichst spontan und mit Bauchgefühl vorzugehen. Es gibt zum Begrüssungs- und Verabschiedungsritual weder eine Regel noch ein Rezept. Wichtig ist Ihre Aufmerksamkeit: Anrede und Gruss passen zu den Gesprächspartnern und zum Inhalt. «Grüezi Frau …» ist eine Ironie, wenn der Text ablehnend oder negativ ist.

Da die Auswahl an Anredemöglichkeiten oder Grussformen klein ist, empfehle ich, im Pingpong-E-Mail-Dialog nur einmal anzusprechen und zu grüssen. Wer zigmal hintereinander «Sehr geehrter Herr …, vielen Dank für Ihre Antwort» schreiben muss, ermüdet sich selber und den Leser.

Spontan und Bauchgefühl heisst auch, Anrede- und Grussformen zu erweitern, zum Beispiel so:

- Guten Tag, sehr geehrte Frau …

oder

- Freundlich grüssen Sie / grüsst Sie …

E-Mail und Brief sind gleichberechtigte Kommunikationskanäle. Wenn der gleiche Inhalt im Brief mit «Sehr geehrte …» beginnt, gilt für das E-Mail nicht auf einmal «Hallo …».

Es ist wichtig, dass Sie Ihren Gesprächspartner immer ansprechen und verabschieden, auch wenn Sie nicht einer Meinung sind oder ein Konflikt naht. Wer aus Enttäuschung oder Wut aus «Sehr geehrte Frau …» «Geehrte Frau …» macht, gibt ein Signal zwischen den Zeilen. Und das kann gefährlich werden, da Menschen interpretieren und werten. Anrede und Gruss sind auch Beziehungsmerkmale, die zeigen, wie wir zu jemandem stehen. In heiklen Situationen ist es besser, das Heikle auf den Tisch zu legen, transparent zu sein und den Konflikt nicht unterschwellig über Anrede und Gruss auszutragen (siehe Kapitel «Heisse Eisen in der Korrespondenz»).

Besser nicht	Besser so
Liebe alle Diese direkte Übersetzung aus dem Englisch ist ein Zeichen von schlechtem Stil.	Liebe Kollegin, lieber Kollege
Hallöchen (oder andere Neukreationen der Ansprache)	Hoi/Salut/Guten Morgen! Hallo Karin und Urs **Anrede und Gruss passen zu den Gesprächspartnern, deren Verhältnis zueinander und zum Thema.**
Sehr geehrte Damen und Herren Plural vergrössert die Distanz zwischen Sender und Empfänger.	Sehr geehrte Dame, sehr geehrter Herr Guten Tag, sehr geehrte Dame, sehr geehrter Herr **Singular reduziert die Distanz** Geschätztes Team **wenn zu viele Personen und unterschiedliche Rollen angesprochen werden müssen** Sehr geehrte/r Herr/Frau Prof. Huber **Titel sind oft wichtig.**

«Sehr geehrte Frau Doktor»

Warum akademische Titel wichtig sind.

«Frau Doktor?! Das schreibe ich auf keinen Fall mehr und erst recht nicht in Kombination mit ‹Sehr geehrte› – so weit kommt es noch!» Die Seminarteilnehmerin ist empört, sie hat auch schwierige Kundschaft, die mit Doktor unterschreiben, damit Status markieren und oft unachtsam oder überheblich kommunizieren.

Manchmal sind die Menschen – zumindest die Schweizer – gnadenlos. Hierzulande zählt der akademische Grad weniger als in Deutschland oder Österreich.

Die Seminarteilnehmerin hat recht, grundsätzlich. Und doch: Wir korrespondieren und erziehen nicht. Im Zweifel oder bei Erstkontakten ist es besser, akademische Titel zu nennen, weil sie vielen wichtig sind.

Besser nicht:	Besser so:
Aus Trotz oder Ablehnung akademische Titel weglassen.	Offen fragen: Legen Sie Wert auf den akademischen Titel?
Vor lauter «Doktor» unterwürfig oder defensiv schreiben und Begriffe wie höflich, dürfen, wollen, würden verwenden.	Möglichst auf gleicher Augenhöhe bleiben. Bitte senden Sie uns die Berichte bis… – vielen Dank. Achten Sie bitte auf…
	Es ist wichtig, dass Sie auf … achten. Wir freuen uns, wenn es zu einer Einigung kommt.
	Charmante Ansprachen oder Appelle dürfen sein und sind auch ohne höflich, erlauben, dürfen **freundlich**.
Sehr geehrte Frau Doktor Den Doktortitel nicht alleinstehend ohne den Namen der Person als Anrede verwenden.	Sehr geehrte Frau Dr. Müller
Sehr geehrter Herr Prof. Dr. Berg Nicht alle Titel aufführen.	Sehr geehrter Herr Prof. Berg Den ranghöheren und nur einen Titel wählen.

DAS BESTE FÜR IHRE E-MAILS UND BRIEFE

Ist die Hierarchie links oder rechts?

Unterschriftenregelungen überdenken und anpassen.

Der Teamleiter musste gleich etwas loswerden, als er sich zwischen seine Kollegen setzte: «Sagen Sie mal, Frau Ramer, gilt die Regel nicht mehr, dass Vorgesetzte in E-Mails zuerst angesprochen und im Cc an erster Stelle genannt werden?»

Grundsätzlich stimmt das, wobei heute Firmenkulturen darüber entscheiden sollten, wie die interne Zusammenarbeit aussieht. Gleiches gilt für die Unterschriftenregelung. Was früher galt, stimmt nicht mehr unbedingt. In vielen Unternehmen ist es so, dass Mitarbeiter/Sachbearbeiter links unterzeichnen, weil sie mit dem Inhalt vertraut sind. Da Lesende im ersten Moment die Unterschrift auf der linken Seite mehr beachten, ist dieses Vorgehen sinnvoll. Vorgesetzte unterzeichnen sodann rechts und signalisieren ihren Status, nicht aber inhaltliche Präsenz. Solch ein Wechsel muss intern mit Führungskräften geklärt werden, spontane Änderungen an Unterschriftenregelungen kommen nie gut an, auch bei den Kunden nicht.

Die gleiche Klärung verlangt die E-Mail- und Cc-Ansprache.

Am sichersten fühlen sich Sachbearbeiter, wenn sie Vorgesetzte zuerst ansprechen oder im Cc als Erstes nennen. Namen und Unterschriften, Hierarchien und interne Seilschaften sind heisse Eisen. Am besten ist es, diese Dinge in einem Teamgespräch offen auf den Tisch zu legen. Bei dieser Gelegenheit können Sie auch klären, ob das stilistisch eher schreckliche «Liebe alle» etabliert werden soll oder ob Sie sich für pragmatisches Mikro-Wording entscheiden und intern ganz auf Anrede und Gruss verzichten. Die Erfahrung zeigt allerdings, dass Menschen dieses «Liebe, Hallo, Werte, Geschätzte, Guten Morgen, Grüezi oder Herzlich, Liebe Grüsse, Gruss» brauchen wie den ersten Kaffee im Büro.

Besser nicht	Besser so
Unterschriftenregelung willkürlich ändern.	Unterschriftenregelung bewusst absprechen. Heute ist oft zu sehen, dass Sachbearbeiter links unterschreiben.
Einmal so und dann wieder anders unterzeichnen.	
Zu viele Namen und Funktionen in einem Text (Overkill – wer ist jetzt zuständig wofür?)	Klären Sie, ob der Erstgenannte im E-Mail auch der Hauptbetroffene des Inhalts ist. Im Cc ist oft auch eine alphabetische Reihenfolge üblich, ebenso im Protokoll oder in einem Bericht.
	Es ist höflich, Gäste oder Kunden (externe) als Erstes zu erwähnen oder anzusprechen.
i. A. / i. V. (kein gutes Signal für die Betroffenen und die Empfänger sehen «nur» die zweite Garde.)	Kein i. V. und i. A. Wer unterzeichnet, ist verantwortlich für die Situation oder Ansprechpartner.
	Anstelle der altbackenen Kürzel ist ein Satz zu Beginn des Briefes schön:
	Frau Anna Muster, Leiterin …, bittet mich, Ihnen zu antworten.
	Herr Max Muster informierte uns über Ihr Anliegen. Als Kundendienst ist es unsere Aufgabe, Ihnen zu antworten.

Zusammen oder getrennt, gross oder klein, Komma oder nicht?

Warum sich fehlerfreie Korrespondenz lohnt.

Texte haben fehlerfrei zu sein. Allerdings sollten wir zwischen Fehlern und Fehlern unterscheiden. Ein Text mit zu vielen Vertippern, falschen Namen und grammatikalischem Freistil nagt an der Glaubwürdigkeit des Autors und des Unternehmens. Zu viele Fehler = fehlende Sorgfalt. Fehler offenbaren auch eine schlechte Angewohnheit der Schreibenden. Sie redigieren ihre Nachrichten nicht und überlassen dem Empfänger die Rohfassung.

Es gibt Fehler, die egal sind: ob wir zum Beispiel «kennenlernen» getrennt oder zusammen schreiben oder «zurzeit» schreiben, wenn «heute» oder «momentan» gemeint ist. Und zuweilen ist ein Gedankenstrich schöner als ein Komma, selbst wenn dieses richtig wäre: Bitte benachrichtigen Sie mich nächste Woche – herzlichen Dank. Diese leichte Unschärfe sorgt für mehr Eleganz bei Appell-Sätzen.

Wenn Sie jetzt bemerken, dass eine offiziell-richtige Schreibweise auch branchenabhängig ist, dann stimme ich Ihnen zu. Logistiker, die sich mitten in der Nacht mit Kollegen austauschen, dürfen mehr Freestyle betreiben als ein Banker, der mit Kunden korrespondiert.

Ganz ungünstig sind Fehler im Beschwerdemanagement und ganz allgemein bei schwierigen Themen. Emotionen wie Ärger, Verunsicherung, Angst oder Hilflosigkeit schärfen die Wahrnehmung für jedes Detail.

Ein E-Mail-Austausch kann ganz schön rasant werden, Fehler oder Versehen kommen häufig vor. Diese sind unangenehm, aber oft nicht weiter schlimm; vorausgesetzt, man reagiert umgehend. Gemeint sind falsch geschriebene Namen oder die Verwechslung von Vor- und Nachnamen. Wenn das passiert, Flucht nach vorn mit einem zweiten Mail: Bitte entschuldigen Sie das Versehen, sehr geehrte Frau Meier.

Fehler sind menschlich, mangelnde Aufmerksamkeit ist unsympathisch.

Besser nicht:

Rechtschreibung ist doch egal, es liest ja eh keiner genau.

Für korrekte Sätze fehlt uns die Zeit.

Wir schreiben alles klein oder gross.

Heute ist alles richtig!

Es geht um Inhalte, nicht um die Form. Besonders Führungskräfte machen viele Tipp- und andere Fehler.
Sie stellen ihre Botschaft vor das profane Thema Rechtschreibung.

Besser so:

Fehlerfreie Texte sind ein Zeichen für Kompetenz, ebenso gepflegtes Deutsch.

Kürzere Sätze ersparen Kommaprobleme.

Vor dem Senden lesen und Korrekturprogramm laufen lassen.

Erst das Textziel klären, dann schreiben

Die Wahl zwischen Dialog, Briefing und Mikro-Wording.

Das kennen wir alle. Es gibt nichts mehr oder nichts zu sagen und doch glauben wir, ständig viel schreiben zu müssen; offenbar gilt viel Text als ein Zeichen von Kompetenz oder Zuwendung.

Ein Klassiker ist das: Eine Mitarbeiterin telefoniert mit einem Kunden und verspricht, ein paar Dokumente zu mailen. Der Kunde ist in Eile und sagt beiläufig: «Mailen Sie es einfach kommentarlos.» Alle hören diesen Hinweis, tun aber etwas anderes mit einem solchen Satz: «Wie soeben telefonisch vereinbart, sende ich Ihnen in der Anlage die Dokumente für die Tagung in St. Gallen.» Wer in Eile ist und Infos erwartet, liest das gar nicht; er zieht sich die Anhänge aus dem Mail und arbeitet damit.

Es wäre so einfach: Schreiben Sie das, was für den Auftrag und für Ihren Gesprächspartner wichtig ist. Und schreiben Sie nicht das, was Sie und Ihr Leser bereits kennen.

Floskeln etwa sind eine Erfindung der Schreibenden, nicht eine Erwartung der Lesenden. Einmal «Guten Tag» und «Danke» sagen ist ausreichend. Wenn es im Pingpong-Stil hin- und hergeht, konzentrieren Sie sich auf Stichworte und Mikro-Wording, da beide Gesprächspartner im Thema angekommen sind.

Typische Wendungen für Pingpong und Mikro-Wording lauten so:

- Dann bis Freitag – Ihnen eine schöne Woche!
- Hier das Skript mit allen Details zum Thema.
- Der 22. November 20.. ist für Sie reserviert.
- Wir sehen uns in St. Gallen.

Mit geklärtem Textziel fällt das Schreiben leichter, die Information ist nützlicher für Lesende und passend in der Länge.

Besser nicht	Besser so
- Ohne Ziel Sätze aneinanderreihen. - Viel schreiben und nichts sagen. - Annehmen, der Leser beachte jede Zeile. - Glauben, die Leserin erwarte Standard.	Beantworten Sie kurz vor dem Schreiben diese Fragen: - Was ist das Ziel der Nachricht? - Welche Inhalte führen zum Ziel? - Wie möchte ich wirken?

Mit der richtigen Strategie schreiben

Beantworten Sie kurz vor dem Schreiben diese Fragen:
- Was ist das Ziel der Nachricht?
- Welche Inhalte führen zum Ziel?
- Wie möchte ich wirken?

Stehen Sie in einem Erstkontakt und geht es darum, sich kennenzulernen oder ein schwieriges Thema in den Griff zu bekommen, dann schreiben Sie mit der Strategie «Dialog».

Kennen sich beide Partner und tauschen sich über ein Thema schon längere Zeit aus, so wählen Sie die Strategie «Briefing».

Wenn Sie es kurz machen können, entscheiden Sie sich für die Strategie «Mikro-Wording».

Dialog
Ihr Ziel ist ein guter Kontakt, Vertrauen. Ihr Gegenüber erwartet angemessene Zuwendung/Aufmerksamkeit.

Briefing
Ihr Ziel ist die Nachricht. Ihr Empfänger wünscht sich eine Information, kein starker Beziehungswunsch.

Mikro-Wording
Eine Notiz genügt und wirkt sympathisch. Beide, Sender und Empfänger, sind in Eile, im schnellen Arbeitsmodus.

Beispiele
- Ihr Anruf hat mich gefreut – vielen Dank.
- Gerne bestätige ich Ihnen die Tagungsagenda.
- Vielen Dank für Ihren Anruf und die Informationen.

Beispiele
- Die Tagungsagenda habe ich auf Ihren Wunsch hin angepasst. Stimmt es so?
- Morgen Nachmittag betreut Sie Frau … und zeigt Ihnen die Räumlichkeiten.
- Das Dokument «Risikoanalyse» gibt Ihnen Einblick in …

Beispiele
- Hier das Dokument für …
 (Wenn der Empfänger einigermassen bei der Sache ist, erinnert er sich an seinen Wunsch und braucht kein «wunschgemäss».)

AUTHENTISCH VOR WORTHÜLSE

Der persönliche Stil ist erfolgreich

2

Direkt schreiben – soll man, darf man?
Klartext mit Feingefühl wirkt gut. 34

Ist kurz unhöflich?
Wörter erzeugen die Stimmung, nicht die Länge des Satzes. 37

Der Zauber des ersten und letzten Satzes
Fulminant beginnen und präzise aufhören. 38

Das Gute und das Schlechte an Floskeln
Nichts gegen Blümchen, nur frisch müssen sie sein. 40

Lass uns in den Möglichkeiten leben!
Der Konjunktiv meint vieles, aber was nun? 42

Appellieren oder informieren?
Wir schreiben für Erwachsene – meistens. 44

Das Marketing und die Korrespondenz
Schreiben wir für Menschen oder über das Produkt? 47

Das geht gar nicht!
Über die Wirkung von Füll- und Unwörtern. 48

Direkt schreiben – soll man, darf man?

Klartext mit Feingefühl wirkt gut.

Es gibt einen Unterschied zwischen charmantem Klartext und allzu direkter Ansprache mit Distanzlosigkeit. Wer einfach ohne Floskeln schreibt, notiert seinem Gesprächspartner möglicherweise solche Sätze:

- Sie haben gestern angerufen.
- Sie haben noch nicht bezahlt.
- Sie haben angefragt, ob es möglich ist, den Ablauf zu verändern.
- Sie beschweren sich über …

Was stimmt hier nicht? Das Gefühl meldet eine Störung der Tonalität, was viele dazu veranlasst, den alten Kram aus der Schublade zu ziehen:

- In Bezug auf Ihren gestrigen Anruf …
- Es wurde festgestellt, dass der Betrag noch nicht überwiesen wurde.
- Bezüglich Ihrer Anfrage zur Ablaufveränderung teilen wir Ihnen mit, dass …
- Zu Ihrer Beschwerde vom … nehmen wir wie folgt Stellung: …

Auch damit kommen wir keinen Schritt weiter.

Welche Alternativen stehen zur Verfügung? Wichtig ist eine Grundhaltung, die sich in der gesamten Dialogsprache in E-Mails und Briefen zeigen sollte. Wir sprechen die Dinge an und bewerten sie nicht. Und: Wir sagen unseren Lesenden etwas Neues.

- Vielen Dank für Ihren Anruf.
- Nach Ihrem Anruf habe ich abgeklärt, …
- Ihre Zahlung ist noch nicht bei uns eingetroffen.
- Obschon Ihr Anliegen verständlich ist, können wir die Abläufe für … nicht verändern. Grund dafür ist …
- In Ihrem Brief bitten Sie uns um eine Entschädigung für …

Noch ein paar Gedanken zum Passiv.

Der folgende kleine Text im firmeninternen Aushang ist nicht gut angekommen. Die Geschäftsleitung schreibt:

> Es wurde vermehrt beobachtet, dass Mitarbeiter ihre Autos auf Kundenparkplätze stellen. Alle werden aufgefordert, die gelbmarkierten Parkplätze zu benutzen. Wir danken für die Kenntnisnahme.

Inhaltlich ist der Text in Ordnung. Was stimmt nicht? Die verdeckte Nachrichtenübermittlung. Die Leute fragten sich, von wem sie da beobachtet werden. Es ist ganz einfach, diese Gerüchteküche und die damit verbundenen schlechten Gefühle zu vermeiden. Die Geschäftsleitung könnte einfach schreiben:

> Liebe Mitarbeiterin, lieber Mitarbeiter, bitte parkieren Sie Ihr Auto auf den gelbmarkierten Plätzen. Die blauen sind für unsere Kunden reserviert. Vielen Dank.

Das Passiv und der Konjunktiv haben etwas gemeinsam: sie verzichten auf direkte Ansprache, sind jedoch keineswegs milder. Während sich die Korrespondenten früher nur ungerne zeigten und Aussagen hinter «wird, werden, wurde» verbargen, herrscht heute die Idee, immer mit voller Kraft voraus schreiben zu müssen.

Das Gute darin: Texte nehmen Fahrt auf, werden leichter, wirken frisch. Das Ungute darin: Texte werden kalt, ein Biswind fegt durch die Zeilen, was besonders bei unangenehmen Nachrichten unsympathisch ist.

In E-Mails und Briefen herrscht im besten Fall Gesprächsstimmung. Bleiben Sie sparsam mit «wird, werden, wurde». Schreiben Sie aktiv, wenn es wichtig ist zu wissen, wer etwas aus welchem Grund entschieden oder etwas veranlasst hat. In Newslettern, Berichten und Zusammenfassungen darf das Passiv vorkommen.

Besser nicht	Besser so
Menschen blossstellen und mit Fingerzeig erziehen.	Menschen ansprechen und informieren.
Sie haben noch nicht bezahlt.	Ihre Zahlung ist noch offen.
Sie haben uns angerufen.	Ihr Anruf gestern veranlasste uns, …
Leider haben Sie es unterlassen, die Liste einzureichen.	Die Liste für … fehlt uns noch.
Es wurde festgestellt, dass Sie einen ungültigen Einzahlungsschein verwenden.	Der Einzahlungsschein für … ist ungültig. Bitte verwenden Sie die neue Referenznummer – vielen Dank.
Leider musste festgestellt werden, dass für die Zahlung der falsche Einzahlungsschein verwendet wird.	Ihre Zahlungen können wir nur mit der korrekten Referenznummer verbuchen. Verwenden Sie den neuen Einzahlungsschein, vielen Dank.
Zu viele «wird, werden, wurde».	Für Angenehmes ist «Sie haben …» in Ordnung.
	Sie haben gewonnen.

Ist kurz unhöflich?

Wörter erzeugen die Stimmung, nicht die Länge des Satzes.

Wortwahl und Satzrhythmus sind genauso wichtig wie die Satzlänge. Wer einfach nur kurz schreibt, verfällt einem Stakkato, das wirsch ankommen kann. Guten Tag! Danke für die Info. Haben Sie Fragen, rufen Sie an.

Kurz geht auch charmant: Guten Tag Frau/Herr … Ihre Nachricht freut mich – vielen Dank. Bitte melden Sie sich, wenn Sie Fragen haben.

Da uns heute die Informationsflut beschäftigt, sind kurze Texte beliebter und chancenreicher als langatmig formulierte Seiten.

Besonders bei anspruchsvollen Themen ist es für Lesende wichtig, dass sie erkannt und richtig verstanden werden. Stellen Sie sich also beim Schreiben immer auch auf die Seite Ihres Gesprächspartners und fragen Sie sich, was Sie an seiner Stelle denken oder wünschen würden.

Schreiben mit Perspektivenwechsel macht die Entscheidung über die Textlänge einfacher. Denken Sie auch daran, dass Lesende oft eine Resonanz auf mehreren Ebenen erwarten: Inhalt – welche konkrete Antwort erhalte ich? Stimmung – wie geht das Unternehmen, mein Gesprächspartner mit mir um?

Besser nicht	Besser so
◆ Nur kurz, klar, verständlich schreiben. ◆ Nur auf die Information achten. ◆ Fehlendes Einfühlungsvermögen.	
Negative Aussagen oder unangenehme Wörter. Das unterzeichnete Formular erwarten wir so schnell wie möglich.	Texte brauchen auch sympathische Begriffe: «einfach, schnell, gut» usw. Wir möchten die Gutschrift so schnell wie möglich ausstellen. Dazu brauchen wir das von Ihnen unterzeichnete Formular. Wörter verwenden, die positiv sind, einer Lösung dienen und die Zusammenarbeit stärken.

Der Zauber des ersten und letzten Satzes

Fulminant beginnen und präzise aufhören.

Im ersten Satz sollten wir zügig auf den Punkt kommen, im letzten ein Fazit ziehen, das die Kernbotschaft des Textes stärkt. Auch in Fachzeitschriften werden kurze Zusammenfassungen, oft in Kästchen gesetzt, zuerst gelesen.

Besser nicht	Besser so
Titel wiederholen.	Lesenden eine Denkwelt eröffnen und mit einer Frage beginnen:
Wir nehmen Bezug auf das oben erwähnte Schreiben und teilen Ihnen hiermit gerne mit, dass das Seminar wie besprochen in Luzern stattfinden wird.	Welche Gründe sprechen für eine Zusammenarbeit mit uns? In unserer Offerte beantworten wir diese Frage.
Der erste Satz ist ohne Reiz.	Im ersten Satz mit einer Geschichte starten:
Gemäss Ihrer Anfrage vom … möchten wir Ihnen folgendes Angebot unterbreiten.	Unser Angebot für Sie hat den Vorteil, …
	Das Dokument … informiert Sie über … und weist insbesondere auf … hin. Ab Seite 5 sind die Details zu … aufgeführt.
Der erste Satz geht nicht auf das Anliegen des Empfängers ein.	Gute Korrespondenz ist zauberhaft und kommt an. Wir schreiben für unser Gegenüber, nicht (nur) für uns selber.
Wir nehmen Ihr Schreiben zur Kenntnis und nehmen wie folgt Stellung: …	
Der Einstieg ist stereotyp (1).	Wenn Sie sich nicht für etwas bedanken möchten, machen Sie es so:
Besten Dank für Ihre Nachricht.	Gesuch um: … Ihr Schreiben vom …
	Anrede: Sehr geehrte Frau …
	Start: Die Kommission für … hat beschlossen, …

Besser nicht	Besser so
Der Einstieg ist stereotyp (2). Wir haben Ihr Schreiben erhalten.	Gute Texte verfügen noch immer über eine Einleitung, einen Mittel- und Schlussteil, der für Lesende relevant ist. Der Einstieg mit «Wir haben Ihr Schreiben erhalten» ist für Autoren wichtig, die Mühe mit dem Start haben.
Der Schlusssatz ist negativ, unpersönlich, standardisiert. Wir bedauern, Ihnen keinen besseren Bescheid geben zu können.	Alles Gute für Sie. Haben Sie Fragen zu diesem Entscheid? Frau/Herr … ist Ihre Ansprechperson. Wir bedauern diese Absage, weil … (authentische Begründung).
Der Schlusssatz ist ein Gesprächsabbinder und «Loswerder». Wir bitten um Kenntnisnahme und danken für das Verständnis.	Leser mit einer Frage verabschieden: Wann hören wir wieder von Ihnen? Wie möchten Sie vorgehen?
Der Schlusssatz ist zu aufgeregt. Haben Sie Fragen? Rufen Sie an!	Das Fazit bereits in den ersten Satz nehmen: Wenn Sie über unser Angebot sprechen möchten, wenden Sie sich bitte an Frau/Herrn …

Das Gute und das Schlechte an Floskeln

Nichts gegen Blümchen, nur frisch müssen sie sein.

Die Jagd war nicht mehr aufzuhalten. Nach meinem Erstling «Briefe ohne Floskeln» ging es der Korrespondenz bzw. ihren Formulierungen an den Kragen. Nach dem Motto «Alles muss raus!» wurde gekürzt und gestrafft.

Mit dem grossen Reinemachen ist aber auch Wertvolles verloren gegangen. Ich weiss nicht, wie oft ich zum Beispiel über das Wort «gerne» gesprochen habe. «Gerne» ist vielen ein Dorn im Auge – im richtigen Kontext ist es aber ein wichtiges Wort, z. B. «Ich kläre gerne für Sie ab.» Unschön ist: «Gerne machen wir Sie darauf aufmerksam.»

Wer nicht schreiben kann, sich im Thema nicht auskennt oder mit Minimalengagement kommuniziert, füllt mit Floskeln eine passable Textseite. Floskeln schieben der Emotion den Riegel vor und verhindern zu viel Selbstkundgabe; Menschen müssen sich nicht zeigen oder Stellung beziehen. Ein weiterer Vorteil ist die hohe Unverbindlichkeit der Automatensprache; niemand begibt sich auf Glatteis oder setzt sich einer Kritik aus. So viel zum Guten.

Im Buch «Lore's Law – Das Gesetzbuch des gesunden Menschenverstandes» steht unter § 1: *Was man nicht mit Freude macht, macht auch anderen keine Freude.*

Das Freudlose ist das Schlechte an Floskeln. Menschen bleiben in ihrer Einzigartigkeit, ihrem Witz ungesehen. Und Unternehmen bleiben auch im Verborgenen. Standardtexten fehlt es an allem, was Lesende mögen: Abwechslung, Spannung, Neuigkeiten, Freundschaft. Also: Weg von Download, hin zu mehr Spontaneität!

Besser nicht	Besser so
Floskeln streichen und den Text nicht neu «einrichten».	Frischen Smalltalk vernünftig zulassen. Jedes gute Geschäft hat auch mit einer guten Beziehung zu tun.
«Gerne» ungeschickt einsetzen und mit Erziehungsmentalität vorgehen.	Prüfen Sie beim Schreiben, ob Ihr Wort in den Kontext passt oder stört.
Gerne machen wir Sie auf unsere Geschäftsbedingungen aufmerksam. (An dieser Stelle ist «gerne» belehrend, etwas spitz.)	Hier ist «gerne» okay: Gerne vereinbare ich mit Ihnen Daten für das neue Jahr.
Gerne erklären wir Ihnen die Gründe für … (Hier wird etwas erklärt, Nachhilfestimmung herrscht.)	Wann möchten Sie vorbeikommen? Ich nehme mir gerne Zeit.
Gerne stehen wir Ihnen für allfällige Fragen zur Verfügung. (Menschen stehen nicht gerne zur Verfügung.)	Vielen Dank für die Dokumentation, die ich nächste Woche gerne lesen/anschauen/studieren werde.
Gerne kommen wir auf Ihr Anliegen zurück und teilen Ihnen mit, dass … (Klingt überserviceorientiert)	

Wer Floskeln weglässt, macht sich nicht strafbar, nur sichtbar.
Es lohnt sich, die Standardsprache, das Schutzmäntelchen, abzulegen.
Schreiben Sie mit Blumen, nicht mit Trockensträussen.

Lass uns in den Möglichkeiten leben!

Der Konjunktiv meint vieles, aber was nun?

Wir haben lange gestritten. An diesem Beizentisch in Zürich-West. Mein Bekannter war der Ansicht, ich sei dem Konjunktiv übertrieben feindlich gesinnt. Es ist schon richtig, ich kann Sätzen mit «wäre, würde, könnte, täte» nicht mehr neutral begegnen. Wer sich ehrlich auf etwas freut, soll «Ich freue mich auf unser Gespräch» schreiben. Dem Leser bleibt natürlich die Freiheit, sich nicht zu freuen, aber das ist seine Sache. Wenn man an das Eigene glaubt, es mit Freude vertritt und es verkaufen möchte, so ist «Es würde uns freuen, diesen Auftrag für Sie ausführen zu dürfen» schon etwas lahm.

Mein Bekannter gab nicht auf und erwähnte die sinnliche Seite des Konjunktivs. «Lass uns in den Möglichkeiten leben», war sein Plädoyer. Obschon mir dieser Gedanke gefällt, finde ich ihn zumindest im Arbeitstag zu wenig dynamisch. Mein Gesprächspartner meinte noch, der Konjunktiv sei urschweizerisch, ein Signal vornehmer Zurückhaltung, die nicht zu verwechseln sei mit Interessenlosigkeit. Der Konjunktiv ist also Ausdruck von Identität und damit wertvoll? Wir wurden uns nicht einig.

Prüfen Sie, aus welchem Grund Sie den Konjunktiv verwenden möchten. Ist es die Furcht, respektlos zu wirken? Ist es die Überzeugung, die Unternehmenskultur verlange nach Konjunktiv? Oder ist es schlicht die Gewohnheit, die «Es würde uns freuen» diktiert?

AUTHENTISCH VOR WORTHÜLSE

Besser nicht	Besser so
Kein Konjunktiv anstelle von Appell oder Empfehlung: Es wäre sinnvoll, Sie würden Frau … anrufen.	
Kein Standard-Konjunktiv: Wir würden uns freuen, Sie begrüssen zu dürfen.	
Kein Konjunktiv, der auf leisen Sohlen drohend wirkt: Es müsste mit rechtlichen Schritten gerechnet werden.	Ohne Zahlung bis … nehmen Sie eine Betreibung/rechtliche Schritte in Kauf.
Es dürfte bekannt sein, dass wir für den Systemzugriff ein Passwort verlangen.	Mit einem Passwort haben Sie Zugriff auf das System.
Es würde uns freuen, für Sie arbeiten zu dürfen.	Wir sind gerne Ihr Partner für …
	Auf uns dürfen Sie sich verlassen.
	Wir haben ein gutes Gefühl bei diesem Auftrag. Sie auch?
	Wie denken Sie darüber?
	Wenn Sie sich für uns entscheiden, freut uns das sehr.
	Dynamik und Freude zulassen.
	Wir arbeiten mit Freude und viel Wissen in diesem Bereich.
	Wir möchten unsere Kundinnen und Kunden begeistern.
	Wenn Sie am Ende «Danke» sagen können, sind wir zufrieden.

Appellieren oder informieren?

Wir schreiben für Erwachsene – meistens.

«Irgendwie klingt der ganze Text so komisch, aber ich kann nicht sagen, woran es liegt.»

Diesen Satz höre ich oft von Kunden und sie haben recht. Viele E-Mails und Briefe klingen komisch, weil sie zwei schlechte Angewohnheiten haben: Sie sagen dem Leser, was er schon weiss. Und sie weisen immer auf etwas hin, appellieren und verlangen.

Eine neue Einstellung kann Abhilfe schaffen. Korrespondenz hat einen Informations- und Dialogauftrag. Sie dient weder der Erziehung noch der Zurechtweisung. Die meisten Menschen, für die wir schreiben, sind erwachsen und eigenständig.

In der Kommunikationspsychologie gibt es das Vier-Nachrichten-Modell. Im Wesentlichen sagt uns dieses Modell, dass Menschen meistens auf mehreren Ebenen kommunizieren und gerne auch zwischen den Zeilen Aussagen machen, was übrigens typisch ist für schweizerische Kommunikation. Wir bespielen eine Hinterbühne, zeigen uns nicht so direkt. In Deutschland findet sehr viel mehr auf der Vorderbühne statt, was sich in einer direkten, glasklaren Sprache ohne Konjunktiv zeigt. Unangenehm wirken Appelle oder Anleitungen immer, wenn sie auf leisen Sohlen daherkommen und sich Lesende fragen müssen: Was wollen die mir eigentlich mitteilen?!

Meine Empfehlung: Mehr informieren, Menschen an ein Thema heranführen und so ein Verständnis wecken. Weniger appellieren oder Menschen vor sich hertreiben. Und wenn ein Appell notwendig ist, dann bitte klar und schlicht.

Besser nicht	Besser so
Unsympathisch und von oben herab:	So schreiben, wie man spricht:
Sie haben zu …	Öffnen Sie dazu das PDF und Sie sehen sofort, wo Sie unterzeichnen können.
Es ist zu …, ansonsten …	
Wenn Sie nicht, dann …	
Es musste leider beanstandet werden.	Mit der Lieferung … sind wir nicht zufrieden/nicht einverstanden. Können Sie uns einen Ersatz zur Verfügung stellen? Da es eilt, bitte ich Sie um einen raschen Rückruf, vielen Dank.
Leider waren Sie nicht erreichbar.	
Es gilt zu beachten, dass …	
Sie werden ersucht, …	
Wir bitten Sie um Kenntnisnahme.	
	Mit guten Wörtern arbeiten. Anstelle von «zwingend»: Ohne … dürfen wir die Daten nicht herausgeben.
	Anstelle von «Sie werden ersucht»: Wir bitten Sie
	Die Vorschrift ist verbindlich/gilt für alle. Deshalb bitten wir Sie …
Leser sind Feinde, die Sprache muss stark sein.	Für die Lösung und die Kooperation schreiben.
	Wir möchten Ihr Gesuch so schnell wie möglich behandeln. Wenn Sie uns das Dokument … bis … zustellen, geht es schneller – vielen Dank.
	Sie haben alle Informationen zu … erhalten. Mehr können wir dazu nicht sagen.
	Lesende an ein Thema heranführen: Jetzt verstehe ich, warum ich dies oder das tun soll.

Besser nicht	Besser so
Fehlende Selbstsicherheit: höflich / erlauben / wollen / würden / wäre.	
Kalte Sprache und kurz angebunden.	Auch wenn es um etwas sehr Sachliches oder Nüchternes geht, ist der Tonfall im Text wichtig. Denn Menschen «müssen» grundsätzlich gar nichts, höchstens mit den Konsequenzen leben.
	Sie riskieren eine Kündigung, weil die AGB … festlegen.
	Wir nehmen an, eine Kündigung ist auch nicht in Ihrem Sinn. Damit es nicht soweit kommt, bitten wir Sie um Ihre Zahlung.
	Mehrere Appelle als Briefing formulieren.
	So beantragen Sie … Unter dem Link www… sehen Sie … Das Stichwort … anklicken und … Passwort … eingeben, senden drücken … und AGB bestätigen unter «Akzeptieren» …

Das Marketing und die Korrespondenz

Schreiben wir für Menschen oder über das Produkt?

Typisch für Marketingsprache ist die Sicht auf das Produkt und auf das Unternehmen. Leute aus der Unternehmenskommunikation sind oft ganz erpicht darauf, in jedem Satz Firmennamen und/oder Produktebeschreibung zu platzieren.

Marketing ist kollektive Dialogsprache – wir sprechen mit einer Zielgruppe, meinen viele Menschen auf einmal. Deshalb ist hier auch mehr Witz oder Ironie möglich, weil Menschen mit einer gewissen Distanz lesen. Ganz anders in der Korrespondenz. Hier nehmen wir als direkt Betroffene wahr, achten genau darauf, wie eine andere Person spricht.

Grundsatzdebatten über Textinhalt und -qualität werden überflüssig, wenn sich Marketing- und Korrespondenzleute absprechen und ihre unterschiedlichen Aufträge klären.

Besser nicht	Besser so
Marketing und Korrespondenz gegeneinander ausspielen.	
Mit einem Mix versuchen, es allen und allem recht zu machen.	
Marketingsprache mit «ich, wir, Sie» verunstalten.	Marketingsprache spricht mehr im Passiv mit wird, werden, wurde. Im Zentrum steht die Nachricht. Korrespondenz nutzt Sie, wir, uns, ich.
	Marketing: Meister AG bietet im neuen Jahr …
	Korrespondenz: Wir bieten Ihnen im neuen Jahr …

Das geht gar nicht!

Über die Wirkung von Füll- und Unwörtern.

Es gibt solche und andere. Es gibt Füllwörter, die einfach nur im Weg stehen und oft getippt werden, weil ein kurzer Text auf einer grossen A4-Seite noch immer komisch aussieht. Kurz meint jedoch nicht kurz angebunden. Und es gibt Unwörter, die einem schriftlichen Dialog Schaden zufügen und deshalb zu streichen sind.

Füllwörter bereichern keine Nachrichten oder Argumente. Unwörter verändern die Tonalität in einer oft nicht gewünschten oder bewussten Form.

Beispiele für Füllwörter

- Allfällig
- Entsprechend
- Sozusagen
- Beiliegend/in der Beilage/als Beilage
- Anbei
- Im Folgenden/Folgendes

Beispiele für Unwörter

- Leider haben Sie es bis heute unterlassen.
  Warum «leider»?
- Da Sie leider nicht über die entsprechende Ausbildung verfügen, können wir Ihre Bewerbung nicht berücksichtigen.
  Ist der Vorwurf wirklich ernst gemeint und bewusst?
- Gerne machen wir Sie darauf aufmerksam, dass Ihre Bestätigung noch nicht eingetroffen ist.
  Ist «gerne» hier willkommen und sympathisch?
- Sie können das Schreiben eliminieren.
  Das Wort hat eine dramatische Bedeutung.
- Das Patientengut setzt sich zusammen aus …
  Könnte auch Schwemmgut gemeint sein?
- Wenn Sie sich dieses Buch anschaffen, …
  Wenn Sie dieses Buch kaufen, …/
  Leisten Sie sich dieses Buch, …

AUTHENTISCH VOR WORTHÜLSE

Besser nicht	Besser so
Standard unreflektiert verwenden.	Wörter und Wendungen, die angenehm wirken oder neutral sind, verwenden.
Nicht an den Leser, die Leserin denken.	Jedes Wort hat einen Auftrag und ist sinnvoll entweder für die Nachricht oder die Beziehung.
Lesende aufhalten mit Textmenge ohne Qualität.	Mit Textziel arbeiten: Was möchte ich erreichen? Welche Inhalte brauche ich dazu? Wie möchte ich verstanden werden?
Senden ohne Lesen.	Lesen (Reflektieren) vor Senden.

SELBSTBEWUSSTSEIN VOR ÄNGSTLICHKEIT

3

Heisse Eisen in der Korrespondenz
Unangenehme, negative Nachrichten souverän kommunizieren. 52

Das Bewerbungsschreiben
Das schwierige Projekt in eigener Sache. 55

Über Trauriges schreiben
Die wichtige Nähe, die nötige Distanz. 58

Amtlich schreiben ohne Bürokratie
Steife Sprache ist nur kompliziert. 60

Korrekturmodus ist eine heikle Sache
Fremde Texte achtsam und erfolgreich überarbeiten. 62

Wir Schweizer und die Korrespondenz
«Das geht gar nicht!» – Warum nicht? 64

Heisse Eisen in der Korrespondenz

Unangenehme, negative Nachrichten souverän kommunizieren.

Warum ist es so schwer, in heiklen Momenten bei der Natürlichkeit zu bleiben, mündlich wie schriftlich? Vermutlich deshalb, weil zu viel zusammenkommt: Wir möchten wirken, Klartext sprechen. Wir möchten es mit niemandem verderben. Wir möchten trotz allem positiv in Erinnerung bleiben. Wir möchten keinem die Tür an den Kopf knallen. Und doch möchten wir direkt sein.

Und vor lauter Verkrampfung klingen die Texte auch verspannt und manchmal etwas plump. Zugegeben, es gibt Leute, die selbst für die beste Kommunikation taub sind. Glücklicherweise sind sie die Ausnahme und nicht die Mehrheit.

Verkrampfte Beispiele	Entspannte Beispiele
Bei solchen Sätzen siegt Verständlichkeit über Eleganz und Natürlichkeit. Die Atmosphäre ist rigide. Beide Massnahmen sollten kein (ständiges) Korrespondenz-Stilmittel sein.	
Sie haben angefragt, ob Sie die Rechnungen auch in Raten bezahlen können. Dem können wir nicht zustimmen, weil schon Betreibungen laufen.	Ihre Anfrage haben wir besprochen. Bei laufenden Betreibungen sind Ratenzahlungen nicht möglich. Deshalb bitten wir Sie, den vollen Betrag bis … zu überweisen.
Sie haben die offenen Rechnungen noch nicht bezahlt.	Die Rechnungen vom … und … sind noch offen. Für kleinere Verspätungen haben wir Verständnis, nicht aber für wochenlange Ausstände. Bitte überweisen Sie …
Wenn Sie den Betrag von … nicht überweisen, sehen wir uns gezwungen, …	Sie entscheiden, ob und wann Sie bezahlen werden. Eine Betreibung oder rechtliche Schritte lassen sich vermeiden, wenn Sie die Zahlungsfrist einhalten. Dürfen wir mit einer raschen Lösung rechnen?

Verkrampfte Beispiele	Entspannte Beispiele
Sollten die Beiträge nicht fristgerecht bei uns eintreffen, werden wir …	Wir erwarten die Beiträge bis … Nach Ablauf dieser Frist sind rechtliche Schritte möglich / überlegen wir uns rechtliche Schritte.
Sobald wir feststellen, dass Sie die Ratenzahlungen nicht vornehmen, werden wir unverzüglich den Rechtsweg einschlagen.	Ratenzahlungen sind eine gute Möglichkeit, rechtliche Schritte / eine Betreibung unnötig zu machen. Bitte halten Sie die Zahlungsfristen ein – vielen Dank.
Besten Dank für Ihr Angebot. Leider müssen wir Ihnen hiermit mitteilen, dass wir Sie nicht weiter berücksichtigen werden.	Vielen Dank für Ihr Angebot, das wir gerne angeschaut haben. Da wir für die Umsetzung mehr … erwarten, möchten wir mit anderen Anbietern näher ins Gespräch kommen.
Wir möchten Sie darauf aufmerksam machen, dass noch folgende Rechnungen offen sind: …	Rechnungen lassen wir gerne eine Weile liegen – kein Problem normalerweise. Die Übersicht zeigt Ihnen, welche Beträge noch offen sind. Danke für die rasche Zahlung.

Bei heissen Eisen helfen zwei Grundhaltungen:

- Lesende an die Botschaft heranführen, damit sie verstehen können. (Aha-Effekt)
- Für die Lösung, die Kooperation arbeiten, damit Zustimmung möglich ist. (Ja-Effekt)

Besser nicht:	Besser so:
◆ Vorwurfsvoll und erzieherisch schreiben. Leider konnte ich Sie telefonisch nicht erreichen.	◆ Ansprechen, was ist oder was fehlt. … möchte ich telefonisch mit Ihnen besprechen. Wie kann ich Sie erreichen?
◆ Drohen. … ansonsten sehen wir uns gezwungen …	◆ Innerlich für die Lösung schreiben.
◆ Negative oder unsympathische Begriffe verwenden.	
◆ Mit Unterstellungen arbeiten. Sie haben es bis heute unterlassen, …	◆ Konsequenzen unaufgeregt formulieren. Ohne Zahlung müssen Sie mit einer Betreibung rechnen/nehmen Sie eine Betreibung in Kauf.

Das Bewerbungsschreiben

Das schwierige Projekt in eigener Sache.

Die Begleittexte zu Lebensläufen fallen vielen Menschen schwer. Man möchte sich zeigen, seine Qualitäten vorstellen und erfolgreich sein. Und doch schreibt die Angst mit, überheblich oder unangemessen zu sein. Im Zweifel entscheiden sich viele für den unauffälligen Standard. Automatenstimmen jedoch will kein HR-Manager lesen.

Versuchen Sie, Ihren Begleittext wie ein Briefing anzugehen. Zeigen Sie sich und informieren Sie über das, was Sie anzubieten haben. Erfinden Sie keinen Werbespot und keine Superlative.

Auch beim Projekt in eigener Sache ist es wichtig, den Text gut vorzubereiten. Machen Sie sich Gedanken darüber, was Sie sagen möchten. Dazu gehört auch die Entscheidung, was Sie weglassen. Wer versucht, alles zu erklären und mitzuteilen, erzielt das Gegenteil; Informationen werden flach und zu allgemein, weil Sie ja auch nicht zehn Seiten für jedes Detail zur Verfügung haben. Gute Texte – und das gilt nicht nur für die Bewerbung – sind verdichtete Texte.

Besser nicht	Besser so
Mit Standardsätzen über sich selber sprechen.	
Automatenstimmen wählen.	Ihre Ausschreibung ist mir aufgefallen, weil … / In Ihrer Ausschreibung spricht mich … und … besonders an.
Ihr Inserat im Alpha hat mich angesprochen. Gerne bewerbe ich mich hiermit auf die Stelle …	Ich bringe als … die Voraussetzungen für … mit.
Gerne würde ich Ihr Team ergänzen.	Ich freue mich, wenn ich Ihr Team ergänzen darf.
Ich würde mich freuen, wenn Sie mich zu einem Vorstellungsgespräch einladen würden.	Auf Ihre Nachricht bin ich gespannt.
Habe ich Ihr Interesse geweckt?	
Im Bewerbungsschreiben das Unternehmen loben.	

Besser nicht	Besser so
Keine messbaren Fakten liefern, nur mit Adjektiven arbeiten.	**Mehr Beispiele** (Das bringe ich mit), **weniger Adjektive** (Ich bin flexibel und teamfähig). Beispiele machen Sie sichtbar, und das ist im Bewerbungsmanagement wichtig.
Keine gute Geschichte erzählen.	Mit der eigenen guten Geschichte starten. Heute arbeite ich für … und leite den Bereich … Eine wichtige Aufgabe ist zum Beispiel … Ich kontaktiere Sie mit meiner Bewerbung, weil ich mehr die Internationalität suche und gerne in Asien arbeiten würde. Für Ihre Position … bringe ich einige Voraussetzungen mit: Ausbildung als … Diplom für … Erfahrung in … **Schnell zum Schluss kommen, ein klares Fazit ziehen:** Ich freue mich, wenn Sie mich kennenlernen möchten. Ich bin gespannt auf Ihre Rückmeldung. Wie gesagt: Die Position als …/ Aufgabe spricht mich sehr an. Darf ich mit Ihrem Anruf rechnen? Ich freue mich darauf.

Besser nicht	Besser so
Altbackenes Deutsch verwenden, das weder zur Person noch zum Unternehmen passt.	
Übertreibungen und lustige Wendungen, die aufgesetzt wirken.	
Das Begleitschreiben als Lieferschein betrachten.	Das Begleitschreiben ist ein Türöffner. Berichten Sie über etwas Neues, stellen Sie sich vor.

Jeder Mensch hat Lücken und niemand kann den perfekten Lebenslauf vorlegen, es gibt ihn nicht. Sprechen Sie das Fehlende an, ohne in eine Problemtrance zu versinken. So wirken Sie kompetent und machen deutlich, dass Sie sich kennen.

Was ich zurzeit nicht zur Verfügung stellen kann, ist die Erfahrung mit … In meiner früheren Position als … bei … ist es mir jedoch gelungen, …

In meinem Lebenslauf sehen Sie eine längere Pause im Jahr 20.. Nach meinem Abschluss an der … brauchte ich die Zeit für eine Neuorientierung.

Über Trauriges schreiben

Die wichtige Nähe, die nötige Distanz.

Mit einem persönlichen Bezug schreiben ist einfacher als ohne innere Stimme. In schwierigen Momenten erwarten Menschen authentische Begegnungen, die schlicht und ehrlich sind. Anspruchsvoll ist es für Schreibende, wenn sie in einem Text zwei Aspekte gleichzeitig würdigen möchten: persönliche Trauerbotschaft und sachliche Nachricht. In Kündigungsschreiben aufgrund eines Todesfalls treffen diese Aspekte aufeinander. Übergänge helfen in diesen E-Mails und Briefen.

Besser nicht	Besser so
Schreiben ohne Beziehung zum Empfänger.	Das Bauchgefühl aktivieren.
Für ganz persönliche Zeilen das Logo und Korrespondenzpapier des Unternehmens verwenden.	Unterschreiben ohne Funktionsbezeichnung.
Hilfe anbieten, die gar nicht geleistet werden kann.	
Fehlende Nähe mit übertriebener Herzlichkeit kaschieren. unermesslicher Verlust tief erschüttert grosse Lücke hinterlassen tief empfundenes Beileid stille Grüsse	Zur Sprachlosigkeit stehen. Wir sind im Unternehmen sehr betroffen – uns fehlen die Worte. Wir brauchen Zeit für … Einfach und echt bleiben. Ich spreche Ihnen mein Beileid aus. Schlicht ansprechen und grüssen. Sehr geehrte Trauerfamilie Liebe Familie Muster Lieber Herr Meier Ich grüsse Sie Herzlich grüsst Sie … Wir grüssen Sie herzlich und wünschen alles Gute.

SELBSTBEWUSSTSEIN VOR ÄNGSTLICHKEIT

Besser nicht	Besser so
Angehörigen gegenüber vom Ableben sprechen.	
Sätze oder Zitate aus dem Internet beziehen.	Zitate/Gedichte mit einer persönlichen Nachricht verbinden. Wir wählten dieses Zitat aus, weil …
Sätze übergangslos aneinanderreihen.	Sachliche Botschaft im Brief schreiben, persönliche Trauerkarte dazulegen oder elegante Übergänge formulieren. Versuchen Sie auch, Ihrem Gegenüber ein wenig entgegenzukommen.
Wir haben Ihr Schreiben erhalten und sprechen Ihnen unser Beileid aus. Eine Kündigung vor Ablauf der Frist ist unter folgenden Voraussetzungen möglich.	
Die Nachricht vom Tod Ihres Gatten, Markus Muster, haben wir erhalten. Unser herzliches Beileid. Für die Kontoauflösung benötigen wir von Ihnen …	Für Ihre Nachricht danken wir Ihnen. Wir bedauern diesen Todesfall und sprechen Ihnen unser Beileid aus. Normalerweise sind Kündigungen auf … möglich. Aufgrund dieser besonderen Situation kommen wir Ihnen entgegen und bieten Ihnen … an.
	Ihre Nachricht ist eingetroffen – unser herzliches Beileid. Als … sind wir verpflichtet, den Nachlass von … zu regeln/die finanziellen Seiten zu klären. Damit wir alles regeln können, brauchen wir Ihre Mithilfe.
	Nach einem Todesfall gibt es viele Dinge, die erledigt werden müssen. Sprechen Sie uns an, wenn wir Ihnen helfen können.

Amtlich schreiben ohne Bürokratie

Steife Sprache ist nur kompliziert.

«Vielleicht streichen Sie einmal ‹gemäss›, ‹laut› und ‹gestützt auf …› – einen ganzen Tag lang!» Bei diesem Rat blicke ich in besorgte Gesichter voller Zweifel. Geht das? Darf man das? Ist das Ihr Ernst?

Traditionen in Ehren, aber die Sprache in Ämtern, Bundesverwaltungen und Behörden leidet unter ihrer Geschichte und unter der Vorstellung, Glaubwürdigkeit verlange nach einer tonnenschweren Sprache, die kaum jemand versteht und niemand spricht. Ämter leben ganz gut mit unverständlichen Formulierungen; die Leute dürfen ja anrufen, «zu den üblichen Bürozeiten».

Dass es auch anders geht, beweisen heute viele amtliche Institutionen – auch der Bund, der Mitarbeitenden einen umfassenden Leitfaden voller Ideen zur Verfügung stellt. Und doch setzt sich im Alltag noch immer der Standard durch. Im Zweifel entscheidet sich das Personal nicht für eine lebendige Sprache, sondern lieber für das uralte Muster, denn Floskeln schützen.

Wer glaubt, Amtssprache brauche das säuerliche «Archivschachtel-Deutsch», den Blocksatz, die 12-Punkt-Arial-Schrift sowie das dienende und unterschwellig appellative Grundrauschen, macht einen Überlegungsfehler. Eine leichte und verständliche Sprache ist unaufgeregt angenehm.

Beispiele für «Archivschachtel-Deutsch»	Leichte Varianten
Gemäss Ihrer Anfrage vom … nehmen wir wie folgt Stellung: … Sprechen Sie so am Telefon?	Ihre Anfrage ist am … eingetroffen, vielen Dank. Ehepaare haben die Möglichkeit, …
Gestützt auf Art. … dürfen Kinderzulagen unter folgenden Bedingungen beantragt werden. «Dürfen» tun alle …	Für Kinderzulagen gelten die folgenden Bestimmungen, die in Art. … genauer beschrieben sind.
Gestützt auf Ihren Antrag vom … wird die Kommission an einer ihrer nächsten Sitzungen einen Beschluss fassen. Sie werden entsprechend informiert. Hört sich das gut an?	Die Kommission … bespricht Ihren Antrag demnächst. Wir werden Sie so schnell wie möglich über den Beschluss informieren.

SELBSTBEWUSSTSEIN VOR ÄNGSTLICHKEIT

Besser nicht	Besser so
Amtlich plus Bürokratie plus Nominalstil plus Passiv plus Befehl = unsympathische Kommunikation.	Verben plus Mensch vor Sache plus Information plus Engagement = wirkungsvolle Amtssprache.
Begriffe und Wendungen ohne Leben.	Ämter und Behörden sind lebendige Organisationen.
Appelle auf leisen Sohlen. Dürfen wir Sie bitten … Wir bitten Sie höflich, … Wollen Sie bitte auf die Wegleitung achten.	Natürliche Ansprachen: Bitte senden Sie … zurück. Es ist wichtig, dass Sie auf … achten – vielen Dank. Die Wegleitung zeigt Ihnen, wie Sie am besten vorgehen (siehe PDF).
	Komplexe Inhalte brauchen eine verständliche Sprache.
	Einfach meint nicht simpel – einfach ist besser als kompliziert.
	Wörter, die Leichtigkeit signalisieren: So gelangen Sie schnell und einfach auf die Plattform. Mit dieser Wegleitung geht es leicht. Kein Kinderspiel, aber auch keine Hexerei. Klicken Sie auf … Wir möchten Ihren Antrag rasch bearbeiten. Dazu brauchen wir noch Ihre Unterschrift auf dem Formular …

Korrekturmodus ist eine heikle Sache

Fremde Texte achtsam und erfolgreich überarbeiten.

Wir sind immer zu Gast in einem fremden Text. Und sollten wir als Gast einmal unwillkommen sein und haben dennoch den Auftrag, ein Dokument zu überarbeiten, so geht das am besten mit einer Regelvereinbarung. Bei Kunden gehe ich immer gleich vor:

Steht im Leitbild als Leistungsversprechen «Wir sind persönlich», dann achte ich beim Überarbeiten auf die Häufung von Passiv-Formen mit «wird, werden, wurde». Ein Zuviel davon bedeutet ein nicht erfülltes Leistungsversprechen.

Sagt ein Autor, er möchte positiv und freundlich sein, dann schaue ich auf Appellsätze und auf die Kraft der Begriffe: Bei einem Zuviel an «In Ihrem Fall ist leider …/Wir gewähren nur Rabatt, wenn …/wir können Ihnen keinen besseren Bescheid geben» ist die Absicht nicht lesbar.

Ausser den Unternehmenswerten gibt es auch Stilregeln, die für jeden Text und alle Menschen gelten, auch für Vorgesetzte und solche, die dazu neigen, ihrer Leserschaft zu viel zuzumuten. Abwertende Feedbacks oder ständige Detailkorrektur können zu inneren Kündigungen führen oder zu Gleichgültigkeit.

Und es muss nicht immer der Korrekturmodus in roter Farbe sein. Klammerbemerkungen oder die gewünschte Alternative in grün oder blau machen es dem Autor oder der Autorin oft leichter, den Hinweis anzunehmen.

Besser nicht	Besser so
Einen Text ohne Autor, Autorin redigieren.	Autor/Autorin loben. Oft steckt hinter einer mangelhaften Formulierung eine gute Absicht, die einem Unternehmenswert entsprechen kann.
Persönliche Regeln und Hierarchien einsetzen.	Text mit wenigen, vereinbarten Regeln überarbeiten.
Zu viel Eigenes einbringen wollen.	Akzeptieren, dass der eigene Stil nicht der einzig mögliche ist.
	Das Textziel und vor allem die Leserin/ den Leser ins Zentrum rücken.
Text ohne Werte und Stilregeln bearbeiten (Willkür).	Wichtige Stilregeln beachten: Verb = Dynamik Aktiv = Mensch Kurze Sätze = Verständlichkeit Lesersicht einnehmen = prägnantere, straffere Texte
	Vorbei am Guten, hin zum Besseren: Texte leben lassen und entwickeln.
Urheber nicht fragen, was sie eigentlich wissen möchten über ihren Text.	Genau festlegen, was Aufgabe und Ziel der Überarbeitung ist.

Wir Schweizer und die Korrespondenz

«Das geht gar nicht!» – Warum nicht?

«Müh dich nicht so ab, man hört es ja sowieso.» Dieser knappe Hinweis von meinem Mann, der aus Deutschland stammt, wirkte. «Rede auch mit deinen deutschen Kunden ganz natürlich.» Ich halte mich strikt an diesen Rat und bin authentischer damit.

Schweizer Korrespondenten sind nicht zu beneiden, wenn sie mit deutschsprachigen Nachbarländern zu tun haben. Das/die Mail, parken, parkieren, Komma nach der Anrede, Eszett ja oder nein, zeitnah oder bald, anlässlich Ihres Besuches oder bei Ihrem Besuch, abmahnen oder mahnen… Wir verbringen zu viel Zeit mit diesen Gegenüberstellungen und geben dann meistens klein bei.

Dass viele Deutsche ebenfalls mit Formulierungsproblemen kämpfen und auch gerne immer das Gleiche schreiben, wollen meine Kunden oft nicht recht glauben: erst – zugegeben – schreckliche Beispiele bringen einen Teil Selbstvertrauen zurück.

Klar ist: Wer mit einem vertrauten kulturellen Hintergrund schreibt, ist immer auf der besseren Seite. Unsicherheit und ständiges sprachliches Verbiegen führen zu geschwächten, holprigen und irgendwie komischen Texten.

Was hilft? Die klare Unterscheidung zwischen schlechtem Deutsch und Identitätssprache. Wer beim Eigenen bleibt, ist auch über Grenzen hinweg erfolgreich und wird erkannt. Nichts gegen den «eigenen Schnabel» in der Kommunikation, nur etwas kultiviert sollte er sein.

SELBSTBEWUSSTSEIN VOR ÄNGSTLICHKEIT

Besser nicht	Besser so
Zu viel Genitiv, er wirkt distanziert, ablehnend und bürokratisch – übrigens auch in Deutschland. Anlässlich Ihres Erscheinens wurde seitens der Kommission entschieden, …	Dativ: Während meinen Ferien vertritt mich Frau Huber.
Das Eszett.	
Das Komma nach der Anrede für E-Mails/Briefe ins Ausland.	
Zu viel und falsch platziertes Hallo Frau/Herr … oder ständig Guten Tag.	Die Anrede Grüezi, wenn es zum Text passt.
Schlechtes Deutsch, weil angenommen wird, das wäre dann typisch schweizerisch.	Wenn sich Schreibende kennen oder klar ist, dass das Gegenüber versteht: Geben Sie mir einen Funk, wenn Sie mehr wissen.
Das ist dem sein Problem. Wenn die Kinder kalt haben, …	Für Retrofans: Sie erreichen mich auf dem Natel.
Rufen Sie Herr Meier wegen dem Ablauf an.	*Das* E-Mail ist auch korrekt.

SPANNUNG VOR LANGEWEILE

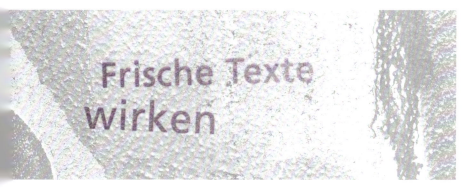

Wenn der Chef schon etwas älter ist
Die passende Sprachkultur hat kein Alter. 68

Talentfrei schreiben ist eine Qual
Ein bisschen Technik ermöglicht gute Texte. 70

«Ich weiss jetzt, was falsch ist – was nun?»
Ein paar zauberhafte Regeln machen aus der Hexerei
(fast) ein Kinderspiel. 72

Darf das E-Mail mehr als der Brief?
Korrespondenz ist Korrespondenz ist Korrespondenz. 74

«Ich mag nicht telefonieren, ich schreibe lieber.»
Warum Sprechen vor Schreiben in vielen Situationen besser ist. 76

Wenn der Chef schon etwas älter ist

Die passende Sprachkultur hat kein Alter.

Es scheint fast so, als wären wir bis gefühlt etwa zur Lebensmitte flexibel … und offen für Neues. Diese Überlegung führt zum Schluss, dass Standardsprache und langweiliges Deutsch von älteren Menschen bevorzugt werden. Mit den Älteren sind Kunden und Führungskräfte in einem gemeint.

Mein Erstling «Briefe ohne Floskeln» gab Anstösse und rüttelte viele auf. Aber Dauererschütterung und nahezu die fanatische Jagd auf alles «Alte» ist nicht gut für die Kommunikation. Zudem hören es Chefs nicht gerne, wenn sie von Mitarbeitenden gesagt bekommen, wie veraltet und falsch ihr Korrespondenzstil ist.

Langgediente Vorgesetzte holen wir an Bord, indem wir mehr von Möglichkeiten und Chancen sprechen und weniger von richtig oder falsch, modern oder veraltet, was ohnehin schwierig ist, ausser es ist die Rede von Grammatik und Rechtschreibung. Und eines dürfen wir nicht vergessen: Viele Unternehmen sind trotz ihrer alten Sprache erfolgreich. Warum also sollten Budget und Zeit für die Korrespondenzentwicklung freigemacht werden?

Magic Moments entstehen, wenn wir das Unternehmensleitbild mit seinen Grundsätzen und Visionen zur Hand nehmen und fragen: Ist das, was wir von uns sagen, auch das, was intern und extern gelesen und verstanden wird? Und hier zeigen sich grosse Lücken.

Menschen gehen mit, wenn die Sprache auf das Unternehmen und seine Zielgruppe abgestimmt ist. Korrespondenz kennt glücklicherweise mehrere Wahrheiten.

Besser nicht	Besser so
Mit richtig und falsch argumentieren.	Kommunikation aus der Vogelperspektive betrachten und die richtigen Fragen stellen: Was ist unser Auftrag? Welche Sprache hilft uns, diesen Auftrag auszuführen? Wie möchten wir wirken?
Das Alte verteufeln und das Neue hochpreisen.	Mit etwas Distanz vorgehen: Ist unsere bisherige Sprache über das Ganze gesehen erfolgreich?
Ohne Konzept ein paar Regeln einführen und Standardvorlagen willkürlich bearbeiten. Kunden und Interne erkennen so zwar einen Trend, aber keinen Stil.	Beim Unternehmenskern ansetzen: Im Leitbild steht alles, was für eine Sprachentwicklung zentral ist.
	Führungskräfte sowie Kunden möchten brauchbare Informationen und angemessene Ansprachen. Menschen brauchen keine alten Floskeln und ebenso wenig supertrendiges Deutsch, das wirkt nur unglaubwürdig und zufällig.
Die Haltung: Heute machen wir es so, morgen brauchen wir dann wieder neue Regeln.	Trends gehen, ein Stil bleibt. Und für diesen Stil sind Führungskräfte und CEOs verantwortlich.

Talentfrei schreiben ist eine Qual

Ein bisschen Technik ermöglicht gute Texte.

Manchmal tun sich Schreibende Schreckliches an. Sie setzen sich zum Beispiel vor den Bildschirm, starren die gräuliche Fläche vor ihnen an und warten auf den grandiosen ersten Satz. Gleichzeitig läuft ihnen die Zeit davon und Arbeitskollegen drängen. Dabei sind die Gedanken so begrenzt wie das Bildschirmformat. In der Beratung klagen viele über die Schwierigkeit, den ersten und letzten Satz zu finden oder Synonyme einzusetzen. Ohne definiertes Textziel oder Zugang zum Thema kann diese Suche endlos werden und dazu führen, dass aus Zeitmangel oder Frustration ein Standard eingesetzt wird. Das Problem ist oft nicht das fehlende Talent, sondern die richtige Technik.

Besser nicht	Besser so
Selbstbeschimpfung: «Ich kann das nicht, ich konnte es noch nie.»	
Gedanken einsperren: «Ich brauche jetzt einen guten Einstieg!»	Techniken ausprobieren und lernen, sich einem Thema zu nähern.
Mit dem Anspruch schreiben, dass die Rohfassung gleich perfekt sein muss.	Schreiben, überarbeiten, veröffentlichen. Schlechte Texte sind oft schlecht, weil sie geschrieben und gleich gesendet werden, nicht weil die Autoren nicht schreiben können.

Schreiben ist ein Handwerk, ist Übungssache und wird besser durch gute Erlebnisse. Notieren Sie sich ein wohlwollendes Feedback eines Kunden oder einer Kollegin. Erinnern Sie sich immer wieder daran.

Probieren Sie es einmal so

- Schreiben Sie drauflos ohne Anspruch auf Publikation. Wenn wir schreiben, können wir nicht gleichzeitig überarbeiten.
- Nehmen Sie sich Wörter und Wendungen weg. Sie möchten zum Beispiel eine Weihnachtskarte schreiben und beschliessen, die Wörter «Weihnacht, leuchten, besinnliche Adventszeit, Feier» nicht zu verwenden. Auf diese Weise sind schon aussergewöhnliche Botschaften entstanden.
- Seien Sie mässig unzufrieden, indem Sie zu einzelnen Begriffen gleich zwei, drei Synonyme nennen oder notieren. So trainieren Sie auch das Gefühl für passende oder deplatzierte Begriffe.
- Schreiben Sie ohne Unterbruch, auch wenn Sie aus Ihrer Sicht einen Mist zusammenformulieren. Wer ständig anhält – und oft passiert das gleich nach der Anrede – findet keinen Zugang und reiht Hauptsatz an Hauptsatz ohne Verbindung.
- Drucken Sie die Rohfassung aus und schreiben Sie den Text neu. Sie werden sehen, wie viel Eleganz, Straffung und Abwechslung einfliessen.
- Lesen Sie sich Ihren Text laut vor, so bekommen Sie eine Aussage über Rhythmus und Klang.
- Fragen Sie Ihre Arbeitskollegen und notieren Sie alle Hinweise auf Flipchart oder im Laptop. Nach dieser Konsultation fangen Sie mit Ihrem Text an.
- Hilfreich sind auch Mindmap und Cluster, das uns einlädt, zu einem Stichwort alle Gedanken, Begriffe zu notieren. Gute Texter wissen: erst die Idee, dann die Rohfassung, später die Veröffentlichung.

«Ich weiss jetzt, was falsch ist – was nun?»

Ein paar zauberhafte Regeln machen aus der Hexerei (fast) ein Kinderspiel.

Zauberhafte Regeln

- Texte werden kürzer, wenn Sie für den Leser schreiben.
- E-Mails und Briefe sind schriftliche Gespräche. Nutzen Sie mehr Verben und vor allem sinnliche Begriffe. Damit ist keine erotische Note gemeint, sondern eine Sprache, die unsere Sinne anspricht und so sehr anschaulich wird.
    - Unterbreiten Sie keine Angebote. Stellen Sie vor, präsentieren Sie etwas.
    - Kontaktieren Sie weniger, sprechen Sie mehr.
    - Notieren Sie weniger kann entnommen werden, sagen Sie lesen Sie/sehen Sie/gibt Ihnen Einblick in …
- Möglichst im Singular schreiben: Sehr geehrte Dame, sehr geehrter Herr/Ich bitte Dich… (nicht Euch). Singular sorgt für mehr Nähe und Verbindlichkeit. Und Sie denken beim Schreiben mehr an Ihren Leser, der ja zu einer Zielgruppe gehört.
- Mensch vor Sache. Sagen Sie in Dialogtexten, wer was tut. Aktiv ist in E-Mails und Briefen sympathisch, weil Sie sich zeigen. Verwenden Sie wird, werden, wurde sparsam.
- Das Wichtige zuerst, und im Schlusssatz verstärken Sie Ihre Botschaft oder Ihr Anliegen. Viele lesen den ersten und letzten Satz zuerst. Die Mitte wird spannend, wenn Einstieg und Schluss relevant sind.
- Jedes Wort hat einen Auftrag. Füllwörter und Floskeln tauchen während des Schreibens auf, also in der Textentwicklungsphase. Vor dem Senden sollten Sie alles noch einmal lesen und den Text auf Herz und Nieren prüfen.
- Verständlichkeit vor Komplexität: Maximal 15 Wörter pro Satz, wenig oder gar keine Einschübe, Klammerbemerkungen oder lange Nebensätze. Lesende möchten einfach und schnell bedient werden.

SPANNUNG VOR LANGEWEILE

- Gefühle ansprechen, aber mit etwas Distanz. Kommunikation ist nicht nüchtern, sie ist und darf menschlich sein.
- Umgangssprache angemessen einsetzen. Eine Kundin schrieb mir einmal: «Liebe Frau Ramer, ich bin im Seich und melde mich Ende Woche. Bis dann.» Solche Sätze bringen es oft auf den Punkt. Wir alle sind hin und wieder «im Seich».
- Struktur vor Verwirrung. Bringen Sie einen roten Faden ein, führen Sie Ihren Gesprächspartner durch den Inhalt. Kein help yourself. Strukturlose Texte fallen durch.
- Fast jedes Wort hat eine Seele, also eine Bedeutung. Viele Begriffe sind bedeutungshaltig und docken an ein Gefühl, eine Erinnerung an. Möchten Sie so wirken, wie Sie schreiben?
- Anregend schreiben: Berichten Sie möglichst über etwas Neues und vermeiden Sie es, Bekanntes zu wiederholen. Kein Wunschgemäss senden wir Ihnen die Dokumente. Besser: Die Dokumente enthalten alles zur Tagung.
- Schreiben Sie erst, wenn Sie etwas zu sagen haben.

Besser nicht	Besser so
Schreiben und an etwas anderes denken.	Mit Engagement schreiben – Kommunikation lebt.
Lesende alleine lassen.	

Was ist das Schlimmste, was passieren kann? Ihr Text findet Beachtung, im besten Fall Zustimmung, im ungünstigsten Fall haben die Leser ein paar Fragen. Und das zeigt ja auch, dass sie gelesen haben.

Darf das E-Mail mehr als der Brief?

Korrespondenz ist Korrespondenz ist Korrespondenz.

Das E-Mail ist längst kein Sonderfall mehr und auch nicht der Youngster in der schriftlichen Kommunikation. Heute findet ein Grossteil des internen und externen Dialogs über den elektronischen Weg statt. Das Gute an E-Mails ist ihr Tempo, ihre Unkompliziertheit, ihre Fähigkeit zum raschen Handeln. Das Gefährliche an E-Mails ist ihre Effizienz, der im Alltag einiges geopfert wird, ihre fehlende Sorgfalt, ihre Tendenz zu Emotion, Selbstkundgabe, Distanzlosigkeit.

Vom Brief kann das E-Mail die Ruhe lernen. Der Brief kann den Mails ihr Talent für Menschlichkeit und Smalltalk abschauen.

Besser nicht	Besser so
E-Mail-Kommunikation wird weniger ernst genommen als Briefkommunikation.	E-Mails und Briefe sind gleichwertig.
Struktur und Rechtschreibung spielen keine Rolle.	E-Mails werden weitergeleitet, deshalb Sorgfalt vor Effizienz.
Anreden und Grüsse sind salopp – im E-Mail ist man unkompliziert.	Menschen sind verschieden. Anrede- und Grussformen passend zum Empfänger und zum Thema wählen. Auch Sehr geehrte Frau … gehört ins E-Mail. Auf Hallo reagieren viele allergisch, vor allem bei Erstansprachen.
	Beim Pingpong-Dialog Anrede und Gruss nach dem zweiten Mail weglassen, weil Sender und Empfänger in Kontakt sind. Weglassen erzeugt eine frische Dynamik.

Besser nicht	Besser so
Das Thema ist heikel, ich möchte nicht telefonieren, ich schreibe lieber.	
Text hat keine erkennbare Kernbotschaft, kein Fazit.	
Kurz angebunden schreiben Erwarte Nachricht. Danke!	Kurz, aber nicht kurz angebunden schreiben. Das ging aber schnell. Vielen Dank für die Dokumente. Ich muss gleich weg, deshalb in aller Kürze die wichtigsten Info zu …
Megaphonstil mit zu vielen Ausrufezeichen.	
Fragestunden mit zu vielen Fragen.	
	Smalltalk und Menschliches angemessen einbeziehen. PS: Bei uns regnet es gerade in Strömen. Wie sieht es bei Ihnen aus? Wir sehen uns für die Besprechung in Basel. Geniessen Sie nun Ihre Ferien.
	Bildschirmlesen ist meistens kein Vergnügen. Bei einem langen Mailverkehr die Historie weglassen.

«Ich mag nicht telefonieren, ich schreibe lieber.»

Warum Sprechen vor Schreiben in vielen Situationen besser ist.

Das gute schriftliche Gespräch ist erfolgreich, und doch hat es Nachteile: es ist zeitverzögert und indirekt. Wir hören die Stimme unseres Gegenübers nicht. Wir sehen das Geschriebene, die Zeilen und bräuchten vielleicht noch Zwischentöne.

Wenn es rund läuft, sind E-Mails und Briefe das richtige Mittel. Steht eine Krise an, entsteht ein Missverständnis oder ist eine Nachricht aus einem anderen Grund dringlich, dann ist synchrone Kommunikation mit einem Anruf oder Treffen besser. «Brieffreundschaften» und Endlosschleifen in E-Mails halten nur auf. Wagen Sie es und rufen Sie an. Oft klären sich die Dinge sofort und die Chance auf eine neue gute Beziehung steigt. Texte, auch wenn sie sehr gut sind, bleiben etwas statisch.

Besser nicht	Besser so
Schreiben, weil ein Gespräch vermieden werden möchte.	Wege verkürzen, Konflikte vermeiden, indem Sie Sprechen vor Schreiben wählen.
Endlose Terminsuchen über E-Mail mit unklaren Sätzen. Mir geht der Dienstag, würde es Ihnen allenfalls auch am Donnerstag gehen?	Klare Wünsche. Ich möchte mit Ihnen das Thema ... telefonisch besprechen. Wie kann ich Sie erreichen?
Zu viele Fragen. Ich werde das Konzept an die Geschäftsleitung weiterleiten. Ist das auch in Ihrem Sinn, möchten Sie etwas ergänzen oder haben Sie eine andere Idee?	Klare Ansagen. Ich leite das Konzept morgen an die Geschäftsleitung weiter. Bitte geben Sie mir Bescheid, wenn Sie nicht einverstanden sind.

WERTVOLLE
E-MAILS UND BRIEFE

Die Dame schaut mich konzentriert an. «Ich habe alles von Ihnen gelesen», sagt sie. Dann fährt sie fort und erzählt von ihrer Freundin, die als Arztsekretärin ungewohnte Mahnungen schreiben würde. Was denn ungewohnt sei, möchte ich wissen. «In einem Ihrer Seminare haben Sie ein Erinnerungsschreiben einer Autogarage vorgestellt.» «Nein, bitte nicht!», denke ich.

In der Zahlungserinnerung der Arztpraxis heisst es nun: «Sie sollten zwischendurch vor einer Bank oder Post anhalten und unsere Rechnung bezahlen.» Und weiter geht der Text so: «Wir freuen uns, wenn Ihnen das in den nächsten Tagen gelingt.»

Mit diesem Wortlaut erinnert der Doktor nun seine Kundschaft. «Ist das gut?», fragt mein Gegenüber. «Eher ungünstig», antworte ich. Das Problem ist jedoch nicht das Beispiel, sondern der zu grosse Branchenunterschied – es passt einfach nicht. Autos fahren, deshalb ist «vor der Bank oder Post anhalten» naheliegend. Die Arztpraxis ist anders unterwegs.

In dieser Übersicht sehen Sie, wie sich für jeden E-Mail- oder Brieftyp der Informations- und Dialogfokus setzen lässt. Die Übersicht ist erweitert mit drei Eigenschaften, mit denen sich eine Textkultur aufbauen lässt. Nutzen Sie für die Entwicklung Ihrer Korrespondenzdialogsprache die Kultur Ihres Unternehmens. So schreiben Sie mit Motiv, voller Absicht und entwickeln einen Stil, der bleibt: «Ich hätte gerne eine Antwort und keinen Textbaustein.» Das verlangen viele Kunden. Sie möchten einen Gesprächspartner, der sich mit ihren Anliegen befasst.

Offerte

Ziel	Zusage / Vertrauen
Inhalt	Angebot, Preis, Leistung
Die passende Strategie wählen	Dialog, Briefing, Mikro-Wording
Wert und Tonalität	Klar und frisch Kurze Sätze Verben Mensch vor Sache, aktiv Beispiele vor Adjektiv
Wortwahl	Ihr Anruf freut uns – vielen Dank. Welche Gründe sprechen für eine Zusammenarbeit mit uns? Wir zeigen Ihnen … und stellen ganz konkret … zur Verfügung. Das sind unsere Leistungen und Preise. Wann hören oder lesen wir von Ihnen? Herr / Frau … ist für das Angebot / Projekt verantwortlich und unter … erreichbar.
Extras	PS mit Sonderhinweis / Aktion / Ausblick auf ein Projekt.
Wirkung und Gewinn	Information, die Klarheit schafft und dem Kunden eine Entscheidung ermöglicht. Dank der Beispiele wird das Unternehmen sichtbar, Kunde kann gut vergleichen und dank einer (neuen) Geschichte zusagen. **Wichtig:** Leser erfährt etwas Neues, bekommt eine Idee, für die er gerne mit Ihnen ins Gespräch kommt.

Bestätigung

Ziel	Alles klar!
Inhalt	Ort, Zeit, Umfang, Personen
Die passende Strategie wählen	Mikro-Wording (Notiz) oder Briefing (genaue Info)
Wert und Tonalität	Klar Aufzählungen
Wortwahl	Nun ist alles bereit und vereinbart. Die Details zu unserer Vereinbarung: … Ich freue mich auf den Projektstart und damit auf unser nächstes Treffen im Oktober.
Extras	Persönliche Note verstärken, etwa mit einem PS: Das Projekt macht Spass mit Ihnen.
Wirkung und Gewinn	Leserin weiss alles, Fragen sind geklärt. Das Dokument ist verbindlich. Leserin fühlt sich gut informiert oder willkommen.

Dokument intern weiterleiten

Ziel	Botschaft kommt an.
Inhalt	Grund fürs Weiterleiten.
Die passende Strategie wählen	Mikro-Wording oder Briefing.
Wert und Tonalität	Klar Kurze Sätze
Wortwahl	Ich sende Dir das Dokument, weil…
	Im Projekt … ist dieses Mail von … wichtig.
	Das Thema … kommt in unserem Teamtreffen zur Sprache. Es geht um …
Extras	Klares Fazit ziehen.
	Danke fürs Kopieren der Liste.
	Wie schätzen Sie die Situation ein? Ich danke Ihnen für die Rückmeldung bis …
Wirkung und Gewinn	Auch Interne sind Kunden. Sie verstehen auf Anhieb, warum sie ein Dokument erhalten.
	z. K. ist leserunfreundlich.

Dokument extern weiterleiten

Ziel	Botschaft kommt an.
Inhalt	Grund fürs Weiterleiten. Personen
Die passende Strategie wählen	Persönliche Einleitung (Dialog)
Wert und Tonalität	Klar und persönlich
Wortwahl	Frau … bittet mich, Sie über … zu informieren (siehe Anhang). Es geht im Wesentlichen um …
	Frau … ist ab … wieder im Haus und erreichbar.
Extras	Ich wünsche Ihnen eine gute Woche.
Wirkung und Gewinn	Assistentinnen und Assistenten sind auch Mitarbeiter und sollten nicht mit i. A. oder i. V. unterzeichnen müssen.
	Leser fühlt sich aufgehoben, auch wenn eine ihm unbekannte Person auf ihn/sie zukommt. Er liest Kompetenz und Verlass.

Absage auf Bewerbung

Ziel	Transparenz. Mensch im Zentrum, Sympathie
Inhalt	Gründe
Die passende Strategie wählen	Dialog
Wert und Tonalität	Persönlich und klar
	Authentisch, positiv, ehrlich, aber nicht verletzend
Wortwahl	Ihre Bewerbung haben wir uns gerne angeschaut – vielen Dank für die gute Dokumentation. Für Sie sprechen die hervorragenden Qualifikationen in … und mit … Was uns fehlt, ist das vertiefte Wissen in … Auch wenn wir Ihnen absagen, gratulieren wir Ihnen für … Alles Gute und viel Glück für Sie.
Extras	In einem PS die schön gestaltete Bewerbung erwähnen.
	Sehr jungen Bewerbern Mut zusprechen. Eine Absage ist kein Weltuntergang.
Wirkung und Gewinn	Eine Absage ist eine Absage und bleibt eine. Wichtig ist die klare Information ohne «leider» und «bedauern». Beide Begriffe sind erschöpft. Und wenn es Ihnen leidtut, dann muss diese persönliche Nachricht spürbar sein.
	Empfänger wird positiv aufgenommen und nicht abgewertet («Leider verfügen Sie nicht …»)
	Bewerbungsarbeit wird erkannt. Nicht so: «Leider können wir Sie nicht … und senden zu unserer Entlastung … zurück.»
	Text hört positiv auf – es geht weiter!

Mahnschreiben

Ziel	Zahlung erfolgt / Beziehung bleibt / ist gut.
Inhalt	Offene Rechnung, neue Frist, Konsequenzen, Lösung
Die passende Strategie wählen	Dialog, Briefing
Wert und Tonalität	Frisch und klar Direkte Einleitung und auf den Punkt kommen. Für die Lösung schreiben, nicht für das Problem.
Wortwahl	Kleinere Verspätungen sind normal, dafür haben wir Verständnis. Seit … ist die Frist abgelaufen. Es ist also höchste Zeit für Ihre Zahlung. Seit … sind unsere Rechnungen für … offen. Wir möchten auf unnötigen Aufwand oder gar auf eine Betreibung verzichten, beide Massnahmen sind mühsam. Wir hoffen, Sie entscheiden sich für eine rasche Überweisung – vielen Dank. Dürfen wir Ihnen schon heute für eine rasche Zahlung danken? Das freut uns.
Extras	Bei der ersten Zahlungserinnerung ein PS setzen: Sie haben bereits bezahlt? Dann ist alles in Ordnung – vielen Dank. / Dann brauchen Sie nichts zu unternehmen.
Wirkung und Gewinn	Erinnerungen, Mahnungen sind Informationen und keine Drohungen oder Erziehungsmassnahmen. Hinweise und Konsequenzen wirken besser, wenn sie neutral sind.

Beschwerde beantworten

Ziel	Beziehung und Inhalte sind geklärt. Kunde ist willkommen.
Inhalt	Wichtigste Informationen, die das Anliegen klären, persönliche Aussagen.
Die passende Strategie wählen	Dialog, Briefing
Wert und Tonalität	Persönlich und frisch Menschlich formulieren, Nähe zeigen, für die Lösung und die gute Beziehung formulieren.
Wortwahl	In Ihrem Brief weisen Sie uns auf verschiedene Punkte im Bereich … hin. Es ist mir/ ist uns wichtig, all Ihre Fragen zu klären. Wir hoffen, die Angelegenheit/Situation ist nun auch für Sie bereinigt. Ich lege grössten Wert auf eine vertrauensvolle Geschäftsbeziehung. Als Benutzerin von … weiss ich, wie ärgerlich … sind. Ihre Beschwerde ist berechtigt, bitte entschuldigen Sie die Panne. Wir sehen nun vor … Haben wir etwas vergessen zu erwähnen? Bitte melden Sie sich bei uns. Offenbar ist es uns nicht gelungen, … die Tarife für … klar zu kommunizieren. Wir hoffen, unsere Antwort schafft Transparenz.
Extras	Manchmal ist es gut, eine Kleinigkeit anzubieten – Gutscheine oder Rabatte in Massen zu verteilen hingegen weniger. Prüfen Sie, welche Form von Geste richtig ist.
Wirkung und Gewinn	Empfänger liest eine möglichst individuelle Antwort, die echt ist (persönlich) und glaubwürdig (klar).

Glückwünsche/Danksagungen

Ziel	Der Wunsch kommt buchstäblich glücklich an
Inhalt	Konkreter Anlass
Die passende Strategie wählen	Dialog
Wert und Tonalität	Persönlich und frisch Echtes Engagement, Freude.
Wortwahl	Wir haben alle mitgefiebert, nun ist es überstanden und Du hast die Prüfung mit tollem Resultat gemeistert. Hut ab und Glückwunsch. Zwischendurch ist es wichtig, danke zu sagen. Wir tun das heute mit einem Geschenk. Wir dachten, zu dieser Jahreszeit passt … ideal. Wir sind gerne mit Ihnen in Kontakt.
Extras	Wie wäre ein Dank an Kunden mitten im Jahr, um sie zu überraschen? Weihnachtskarten werden inflationär verschickt.
Wirkung und Gewinn	Der Glückwunsch ist persönlich und hat einen Anlass. Die Sprache ist frisch, natürlich; das Schreiben ist dem Autor leicht gefallen.

DAS ETWAS ANDERE GLOSSAR

Adjektive

Beispiele und Beschreibungen machen Texte aus, nicht die Ansammlung von Eigenschaftswörtern. Auf jeden Fall sollten die gängigsten für eine Weile gestrichen werden: «interessant», «kompetent», «kundenfreundlich».

- Was macht ein Angebot interessant? Indem Sie mit Begeisterung darüber schreiben und eine Geschichte erzählen.
- Wie zeigt sich Kompetenz? Indem Sie darlegen, wie Sie arbeiten, was Sie bieten.
- Und was ist kundenfreundlich? Flexible Inhalte und situative Formulierungen.

Wenn ein Unternehmen täglich das lebt, was es kann, zeigen sich Taten, die sich messen und vergleichen lassen. Beides sind wichtige Faktoren im Markt.

Smalltalk

«Wissen Sie was, ich komme schriftlich nicht weiter mit Ihnen. Kann ich Sie morgen anrufen?» Dieser Satz, geschrieben von einer verzweifelten Sachbearbeiterin einer Versicherung, ist kein klassischer Smalltalk und auch nicht professionell, er ist menschlich und zeigte genau deshalb Wirkung. Der Kunde wartete nicht auf den Anruf, er griff gleich selber zum Hörer, das Missverständnis klärte sich rasch. Zwei, die sich schriftlich nicht verstanden, fanden sich im Gespräch – ein tolles Resultat.

Natürlich hätte es auch anders kommen können. Die gute Erfahrung jedoch stärkte die Versicherungsfrau. Für sie ist klar: Kleine Zwischengespräche und Menschlichkeit sind wertvoll. Und wenn mir eine Kundin im Mikro-Wording-Stil schreibt: «Melde mich morgen!», dann habe ich keine schlechte Meinung von ihr, im Gegenteil. Auch der Logistiker, der im ersten E-Mail-Satz nach seinen Tomaten fragt (Wo sind meine Tomaten??!!) und sich im PS bei seinem Lieferanten nach den Fussballresultaten erkundigt, ist gut unterwegs.

Menschlichkeit und Smalltalk brauchen ein wenig Bauchgefühl und vielleicht etwas Mut. Alle möchten anregende Texte lesen. Es sollte viel mehr Leute geben, die sie auch schreiben.

An Menschen vorbeischreiben

Mit einem Textbaustein persönlich werden. So tun, als würde man sich um sein Gegenüber kümmern und eine völlig unpassende Antwort schreiben. So tun, als wären kritische Stimmen willkommen, und dann mit totaler Abwehr kommunizieren (Wir danken Ihnen für das Verständnis und bitten um Kenntnisnahme.). Den Kundentext gar nicht lesen und irgendetwas schreiben.

DAS ETWAS ANDERE GLOSSAR

Zielfragen

Ohne Ziel geht es auch, nur brauchen Schreibende mehr Zeit und Lesende mehr Nerven. Die meisten Texte sind zu lang. Zielfragen helfen, E-Mails und Briefe kurz zu halten:

- Was ist der Kern meiner Aussage, was möchte ich erreichen?
- Welche Inhalte brauche ich für dieses Ziel, worüber schreibe ich nicht?
- Wie möchte ich wirken, damit mein Inhalt richtig ankommt?

Mit den Antworten auf diese Fragen entsteht Kontakt, eine wichtige Voraussetzung für die Korrespondenz.

Menschen gewinnen

Das geht, wenn wir unsere Arbeit mögen und an Menschen interessiert sind. Dazu braucht es die volle Anwesenheit der Korrespondierenden. Herkömmliche Korrespondenz ist gefangen in ewig gleichen Formulierungen und blind für menschliche Gefühle, echte Empathie fehlt. Achten Sie beim Schreiben darauf, ob Sie wirklich mit Ihrer inneren Stimme gewinnend sprechen und damit auch so schreiben können.

Kurz und elegant

Möglicherweise ist es nicht so gemeint, aber das ist einem Text nicht anzusehen. Viele Briefe und besonders auch E-Mails enden kurz angebunden, weil die Autoren mit «Besten Dank für Ihre Kenntnisnahme» oder «Besten Dank für Ihr Verständnis» oder «Haben Sie Fragen?» abschliessen.

Wer Kürze mit Eleganz zusammenbringt, ist besser in Kontakt. Sagen Sie einfach, wie es ist, bringen Sie im letzten Satz Ihre Kernaussauge noch einmal auf den Punkt: «Mit diesen Erklärungen sollte das nächste Login problemlos funktionieren. Bitte rufen Sie uns bei einer Unsicherheit sofort an.» / «Es ist uns wichtig, möglichst allen Kundinnen und Kunden gerecht zu werden – wir bitten Sie um Ihr Verständnis.»

Aha-Effekt

«Was wünsche ich Ihnen, während ich Ihnen diese Nachricht schreibe? Glück und Erfolg.» Ein solcher Satz am Schluss einer Bewerbungsabsage ist ungewohnt. Darf man das? Soll man so? Ist das der neue Weg?! Klar dürfen wir und sollen wir und nein, es ist nicht der neue Weg. Es ist eine für dieses Unternehmen passende Kultur, Menschen anzusprechen. Was für ein Gewinn, wenn die Empfängerin sagen kann: «So etwas habe ich noch nie gelesen!» Manche werden sich über solche Zeilen freuen, andere etwas wundern. Bestimmt aber löst dieser Satz etwas aus.

Aha-Effekte erzielen wir, wenn wir etwas denken und schreiben, das komplett ungewohnt ist und für Verblüffung sorgt: «Wir können Ihnen nichts Gutes berichten; die Bauarbeiten dauern bis Mitte Oktober, was sechs Wochen lang Staub und Lärm bedeutet. Ich kann Ihnen nur sagen:

Aushalten lohnt sich, das Resultat wird gut sein.» «Als ich Ihre Nachricht gelesen habe, dachte ich: Nicht schon wieder! Sie haben wirklich Pech, was mir sehr leidtut. Steigen Sie heute ausnahmsweise im Bahnhof ... aus. Am Bahnschalter ist etwas für Sie hinterlegt.»

Eine Geschichte erzählen

«Wir nehmen Ihr Schreiben zur Kenntnis und nehmen wie folgt Stellung: ...» / «Im Weiteren möchten wir Sie darüber informieren, dass ...» «Folgendes gilt es zu beachten: ...» «Für allfällige Fragen stehen wir Ihnen jederzeit gerne zur Verfügung.» So beginnen, verlaufen und enden keine guten Geschichten.

Nehmen Sie sich beim Einstieg die auswendig gelernten «Anlaufhol- und Herleitungssätze» weg und steigen Sie mitten im Thema ein, Ihr Leser folgt Ihnen. Geschichten haben auch Pointen. Setzen Sie im Schlusssatz einen Akzent, im Film ist das der Showdown.

Ein paar Ideen für Geschichten:

«Wir stimmen Ihnen zu: ... war bezüglich Service und Freundlichkeit keine Meisterleistung. Bitte entschuldigen Sie die Fehler. Inhaltlich hat unser Mitarbeiter richtig reagiert. ... schreiben ... vor. Für einen erfolgreichen Einkauf ist noch etwas anderes wichtig: ...»

«Ein Tipp zum Schluss ist vielleicht hilfreich. Achten Sie beim nächsten Mal auf ... Wenn das nicht klappt, melden Sie sich bitte sofort bei uns. Wir sind dafür verantwortlich, dass Sie sich wohlfühlen bei uns.»

Gute Texte haben einen Rhythmus, bestehen aus kurzen und längeren Sätzen, arbeiten mit Fragen und Doppelpunkten. Gute Texte dürfen Lesende etwas herausfordern.

Präsens für Präsenz

Ein Gespräch, auch ein schriftliches, sollte aktuell sein. Der langweiligste Routinesatz «Ihr Schreiben haben wir erhalten», gehört in die Archivschachtel, genauso wie «Wir hoffen, Ihnen hiermit gedient zu haben.» Erstens sind das Floskeln und zweitens verstärkt «haben» die Langeweile. Empfehlung: Legen Sie fest, was Sie sagen möchten, und versuchen Sie, möglichst nah an dieses Gefühl oder an diese Absicht heranzuschreiben.

Übertriebener Service

Es gibt diesen kleinen Unterschied zwischen Engagement und aufgeregter Serviceorientierung. Engagement klingt etwa so:

- «Es bestehen verschiedene Möglichkeiten, ein Abo zu lösen: ...»
- «Eine Kombination von ... mit ... ist nicht möglich. Zur Erläuterung: ...»

Aufgeregte Serviceorientierung klingt so und wird zur Nachhilfestunde:

- «Sie haben verschiedene Möglichkeiten, ein Abo zu lösen. Gerne erklären wir Ihnen das Vorgehen.»

- «Sie haben sich nach … erkundigt. Leider ist diese Kombination nicht möglich. Gerne erklären wir Ihnen …»

Die Überstrapazierung von «Sie», «Ihnen», «Sie haben …» oder «Die von Ihnen gemachten Aussagen …» sind ein Signal für zu viel Erklären-Wollen. Auf der Sachebene ist es auch besser, wenig oder gar nicht mit «gerne» zu arbeiten.

Denkschablonen

Denkschablonen sind dafür verantwortlich, wenn sich eigene Korrespondenzkulturen gar nicht oder nur mit sehr viel Mühe entwickeln lassen. Beim Schreiben gehen wir von fixen Standpunkten aus, zum Beispiel: Jeder Text braucht zwingend eine Einleitung, weil der Leser ahnungslos ist. Das führt zu Einleitungen, die einfach den Titel wiederholen («Wir beziehen uns auf das oben erwähnte Schreiben …»). Ein anderer fixer Standpunkt betrifft die Wortwahl: Lesende möchten Floskeln! («Wir bedauern, Ihnen keinen besseren Bescheid geben zu können.»)

Bevor Neues entsteht, braucht es neue Ansichten, zum Beispiel:

- Lesende abholen und etwas Neues berichten (anregende Einleitung).
- Mit den Fragen und Gefühlen der Lesenden schreiben (Was denken die Empfänger, wenn sie unsere Post bekommen?).
- Lesende sind Partner und erwachsen (mehr Information, weniger Appell und keine Belehrungen).

Mit anderen Sichtweisen entstehen neue Strukturen im Text und fast automatisch neue Formulierungen. Nehmen Sie einmal die Absagetexte Ihres Unternehmens unter die Lupe und prüfen Sie deren Informations- und Dialoggehalt. Steht in dem Text das, was gesagt werden möchte? Gäbe es Alternativen?

Höflichkeit – Beharrung – Dialog

Viele Sätze wie «Wir stehen Ihnen bei Fragen gerne zur Verfügung» sind höfliche Routine in der Korrespondenz, man kommt sich nicht zu nahe.

Wenn es unangenehm wird, wie beispielsweise bei Reklamationen oder Mahnungen, wird aus dieser Höflichkeit Beharrung. Unternehmen argumentieren, halten an ihrem Standpunkt fest, weil sie im Recht sind, und verlieren so den Gesprächspartner aus den Augen: «Wir stellen fest, dass Sie …».

Wenn wir jedoch miteinander über ein Thema zu sprechen beginnen, entsteht Dialog, das Beste für langfristige und echte Beziehungen: «Wir möchten so schnell wie möglich eine Lösung finden; dazu erwarten wir gerne Ihren Anruf oder Ihre Nachricht.»

Empfehlung: Eher für das Miteinander schreiben und innerlich nicht gleich für das Goodbye-Management oder gar die Eskalation.

Kein heiteres Wortetauschen

Manchen Texten ist buchstäblich anzulesen, wie stark sie konstruiert wurden. Beim persönlichen Dialog in E-Mails und Briefen wirken einfache Formulierungen am besten. Suchen Sie also nicht um jeden Preis ein ausgefallenes Synonym, wenn das naheliegende Wort das passendste ist.

Ein Beispiel: Wenn ich ein Dokument unterzeichnen und zurücksenden muss, so ist «Herzlichen Dank für Ihr Engagement» übertrieben.

Tauschen Sie jedoch erschöpfte Begriffe (Auskünfte) oder negative (Bemühungen) aus. Das gute Synonym finden Sie über Fragen: Was soll das Wort ausdrücken und was ist mein Ziel mit dem gewählten Begriff? Die Antworten auf diese Fragen führen direkt zum richtigen Wort.

Die Beziehung ist die Message

20 Prozent macht die reine Information aus, 80 Prozent gestaltet die Beziehung. Dieses Verhältnis zeigt sich beim Auswerten von Kundenreaktionen, beispielsweise im Beschwerdemanagement. Das Problem ist nicht die Nachricht, vielmehr entscheiden Tonalität und die Art der Beziehung über Erfolg oder Misserfolg. Gerade auf Sachbearbeiterstufe blockiert eine Denkschablone neue Wege. Korrespondenten in Unternehmen kommunizieren inhaltlich perfekt und sachlich fundiert. Ausgerechnet der Mensch, das Wichtigste im schriftlichen Dialog, wird ausgeblendet oder einem Standard unterworfen.

Unternehmen, die ihre Kultur einbeziehen und Korrespondenz zur Chefsache erklären, schreiben oft andere E-Mails und Briefe. Sie haben verstanden, dass jede Nachricht die richtige Beziehung braucht, damit sie auf jeder Ebene angenommen werden kann. Und oft sind es die Nuancen, die Lesende empören oder begeistern.

Textbausteine für Untalentierte

Menschen denken viel, schriftlich legen sie es jedoch ungerne offen. Erstens hat Schreiben mit Übung zu tun und zweitens mit etwas Mut. Notieren Sie alles, was Sie sagen, und arbeiten Sie erst im nächsten Schritt an Stil und Verständlichkeit.

Die Latte-Macchiato-Idee

Der feine Kaffee im hohen Glas mit langem Löffel hat unzählige Fans. Der «Latte» ist ein Genuss, Ihre Texte dürfen das auch sein. Und so funktioniert das Latte-Macchiato-Prinzip:

- Die Bohne ist die Basis, die Essenz, Ihre Nachricht.
- Die frische Milch gibt der Würze eine feine Note, das sind Ihre Wendungen und Begriffe.
- Der Schaum ist ein schöner Zusatz, zum Beispiel das PS, also das Tüpfelchen auf dem i.

Der richtige Mix macht den perfekten Latte-Macchiato-Text – man nimmt sich gerne etwas Zeit dafür.

Brieffreundschaften

Sie sind nicht immer willkommen, die Hin-und-Her-Zweizeiler. Empfehlung: Schreiben Sie auch mal mit herzhafter Entschlossenheit: «Zu diesem Thema informierten wir Sie vollständig. Mehr können wir dazu nicht sagen.» Wichtig ist, dass solche Sätze locker wirken und nicht schnippisch.

WAM-Prinzip

Wait-a-Minute (WAM) gilt besonders für den E-Mail-Verkehr. Sich ungefiltert «auszukotzen», ist mündlich und schriftlich unangenehm. Manche Leute sagen: «Ich bin halt sehr ehrlich und echt und halte mich nicht zurück», dann geben sie einer Emotion nach und kommunizieren distanzlos, was bereits nach wenigen Minuten peinlich ist. Denn wer möchte schon «echt» und «ehrlich» verletzen oder eine Beziehung beschädigen?

Was hilft? Mail schreiben und nicht senden.

STICHWORT-VERZEICHNIS

A
Absage 82
Adjektive 88
Aha-Effekt 53, 89
akademische Titel 24
Amtssprache 60
Angebot 78
Anrede 21
Anruf 76
Appell 44, 62
Appellieren 44

B
Bauchgefühl 18, 20, 22, 88
Begrüssung 22
Behörden 61
Beschwerde beantworten 84
Bestätigung 79
Betreibungen 52
Bewerbungsschreiben 55
Beziehung 21, 22, 92
Beziehungsebene 21
Briefing 19, 30, 31, 46, 78, 79, 80, 83, 84
Bürokratie 61

D
Danksagungen 85
Denkschablone 91, 92
Dialog 19, 30, 31, 44, 74, 78, 81, 82, 83, 84, 85, 91
Dialogsprache 34, 47, 77

E
Einstieg 39
E-Mail 74
erster Satz 38
extern weiterleiten 81

F
Fehler 28
fehlerfreie Korrespondenz 28
Floskeln 30, 34, 40, 60
Fremde Texte 62
Füllwörter 48

G
Geschichte erzählen 90
Glückwünsche 85
Gruss 22

H
Heisse Eisen 22, 26, 52
Hierarchie 26

I
Ich-Form 21
informieren 44
innere Stimme 89
intern weiterleiten 80

J
Ja-Effekt 53

K
Klang 18, 71
Klartext 34
Kommunikation 9, 44, 52, 61, 69, 73, 74
Kommunikation, synchrone 76
Konflikte vermeiden 76
Konjunktiv 35, 42
Kooperation 45
Korrespondenzentwicklung 68
Korrespondenzstil 68
Kultur 92
Kurz 89
kurze Texte 37

L
Latte-Macchiato-Prinzip 92
Lösung 45

M
Mahnschreiben 83
Marketing 47
Mikro-Wording 19, 26, 30, 31, 78, 79, 80

N
negative Nachrichten 52

O
offene Rechnungen 52
Offerte 78